AF217865
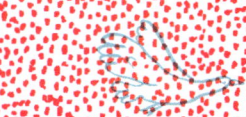
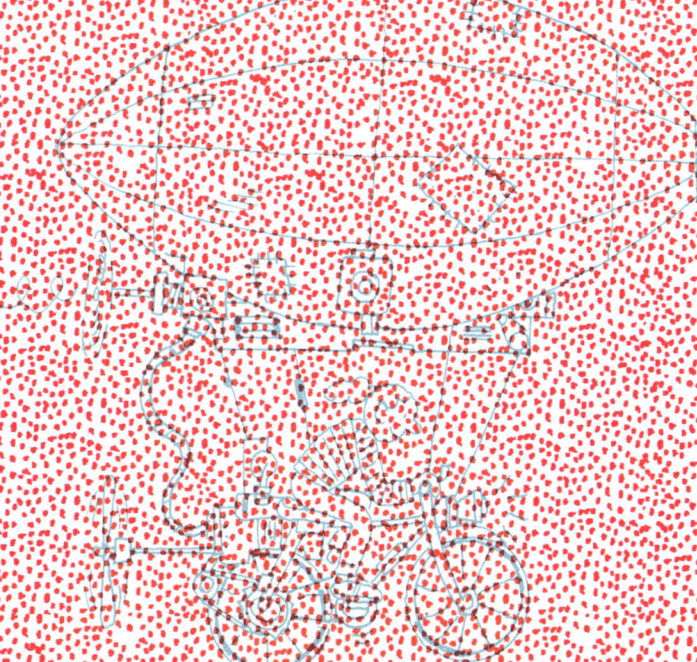

FASZINATION TECHNIK

MIT MAGISCHER LUPE · MIT MAGISCHER LUPE

Von **Jane Wilsher**

Illustriert von **Andrés Lozano**

Fachberatung: **Dr. Joseph Corcoran,
Imperial College, London**

Ravensburger

5 4 3 2 1

Deutsche Ausgabe:
© 2022 Ravensburger Verlag GmbH
Postfach 2460
D-88194 Ravensburg
ISBN 978-3-473-48042-5
Alle Rechte vorbehalten.

Titel der Originalausgabe: Marvellous Machines
Rechte der Originalausgabe:
Text © 2021 What on Earth Publishing Ltd.
Illustrationen © 2021 Andrés Lozano
Autor: Jane Wilsher
Illustration: Andrés Lozano

Übersetzung: Birgit Nakielski

www.ravensburger.de

INHALT

So funktioniert's	8
Einschalten!	10
In der Küche	12
Handy	14
Fahrrad	16
Auf der Straße	18
Flugzeug	20
Magnetschwebebahn	22
Containerschiff	24
U-Boot	26
Unter und über der Stadt	28
Beim Arzt	30
Auf der Baustelle	32
Druckerpresse	34
Roboter	36
Teleskop	38
Rakete	40
Weltraumstation	42
Mensch und Technik	44
Stichwortverzeichnis	45
Quellennachweis	46

SO BENUTZT DU DIE MAGISCHE LUPE

Zu diesem Buch gehört eine magische Lupe, mit der du in das Innenleben von technischen Geräten und Maschinen schauen kannst. Wenn du damit über die rot gepunkteten Flächen fährst, kannst du sehen, was sich darunter verbirgt. Probiere es doch gleich mal mit der Kiste hier unten aus!

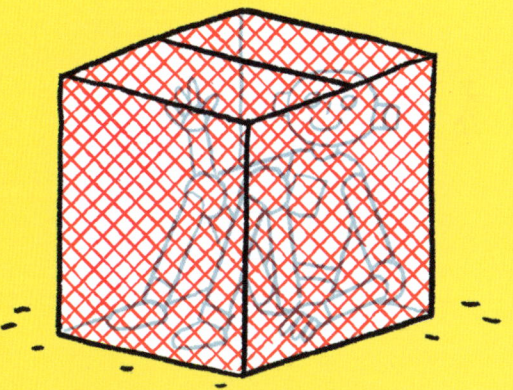

Kannst du den Roboter in der Kiste sehen? Halte deine magische Lupe über alle Bilder in diesem Buch. Achte auf diese Symbole:

Die Lupe zeigt an, wo du mit ihrer Hilfe einen Blick in die Geräte und Maschinen werfen kannst.

Die unter dem Auge aufgeführten, durchnummerierten Dinge kannst du im Bild entdecken. Einige kannst du gleich erkennen, andere sind versteckt. Um die versteckten Dinge zu finden, benötigst du die magische Lupe.

SO FUNKTIONIERT'S

Was ist Technik?

Unter Technik verstehen wir Maschinen, die Dinge für uns schnell und einfach erledigen. Technik kann so einfach sein wie ein Bleistiftanspitzer oder so kompliziert wie eine Rakete.

Fabriken nutzen viele Geräte und Maschinen, um Sachen herzustellen, die wir im Alltag verwenden. Jede Maschine und jedes Gerät erledigt eine bestimmte Aufgabe.

SCHAU HINEIN

Schau, wie die Maschinen funktionieren!

Mit einem **Hebel** kann man ein Objekt mit weniger Kraft nach oben oder nach unten bewegen.

Mit einem **Seilzug** kann man schwere Objekte heben.

Ein **Rad** rotiert oder dreht sich gleichmäßig um eine lange Stange, auch Achse genannt.

Zahnräder sind Räder, deren Zacken ineinandergreifen, um sich gegenseitig anzutreiben.

Ein **Gewinde** kann ein Objekt heben oder Dinge zusammenhalten. Es kann ein- oder ausgedreht werden.

Wie wird eine Maschine angetrieben?

Mit einer Kraft. Stell dir eine Kraft als ein Ziehen oder ein Drücken vor. Damit wird eine Maschine gestartet, bewegt oder betrieben. Viele Kräfte sind unsichtbar. Hier sind ein paar der wichtigsten Kräfte:

Kontaktkraft

Diese Kraft entsteht durch zwei Objekte, die sich berühren. Wenn du gegen eine Tür drückst oder daran ziehst, übst du eine Kontaktkraft aus, mit der du die Tür öffnest.

Schwerkraft

Die Schwerkraft zieht alles nach unten Richtung Boden. Diese ziehende Kraft nennt sich auch Gewicht und deshalb fühlen sich Dinge schwer an.

Reibung

Diese Kraft erschwert eine Bewegung. Wenn zwei Oberflächen aneinander reiben, benötigt man viel Kraft, um die beiden Objekte gegeneinander zu bewegen.

Luftwiderstand

Diese besondere Art der Reibung verlangsamt alles, was sich durch die Luft bewegt. Sie lässt beispielsweise einen Fallschirm ganz langsam zu Boden schweben.

Magnetismus

Diese Kraft zieht bestimmte Dinge an oder schiebt sie weg, zum Beispiel Magneten oder magnetische Metalle.

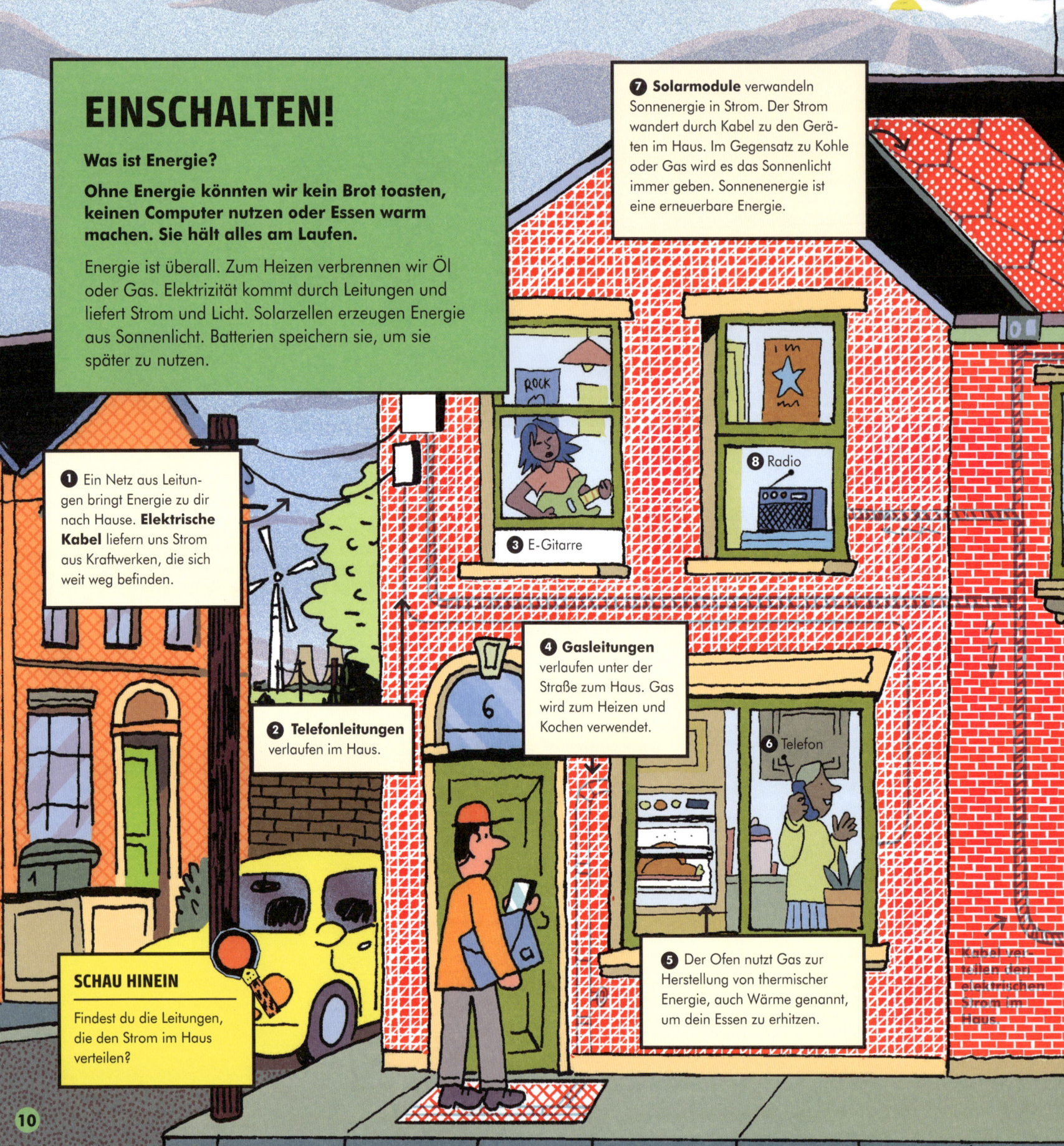

EINSCHALTEN!

Was ist Energie?

Ohne Energie könnten wir kein Brot toasten, keinen Computer nutzen oder Essen warm machen. Sie hält alles am Laufen.

Energie ist überall. Zum Heizen verbrennen wir Öl oder Gas. Elektrizität kommt durch Leitungen und liefert Strom und Licht. Solarzellen erzeugen Energie aus Sonnenlicht. Batterien speichern sie, um sie später zu nutzen.

7 Solarmodule verwandeln Sonnenenergie in Strom. Der Strom wandert durch Kabel zu den Geräten im Haus. Im Gegensatz zu Kohle oder Gas wird es das Sonnenlicht immer geben. Sonnenenergie ist eine erneuerbare Energie.

1 Ein Netz aus Leitungen bringt Energie zu dir nach Hause. **Elektrische Kabel** liefern uns Strom aus Kraftwerken, die sich weit weg befinden.

3 E-Gitarre

8 Radio

2 Telefonleitungen verlaufen im Haus.

4 Gasleitungen verlaufen unter der Straße zum Haus. Gas wird zum Heizen und Kochen verwendet.

6 Telefon

SCHAU HINEIN

Findest du die Leitungen, die den Strom im Haus verteilen?

5 Der Ofen nutzt Gas zur Herstellung von thermischer Energie, auch Wärme genannt, um dein Essen zu erhitzen.

10 Eine **Satellitenschüssel** fängt Signale und Daten aus dem Weltraum ein.

👁 **SUCHE** DRINNEN UND DRAUSSEN

Du brauchst die magische Lupe, um einige dieser Dinge zu finden.

1 Elektrische Kabel
2 Telefonleitungen
3 E-Gitarre
4 Gasleitungen
5 Gasofen
6 Telefon
7 Sonnenkollektoren
8 Radio
9 Elektr. Zahnbürste
10 Satellitenschüssel
11 Computer
12 Handy
13 Fernseher
14 Fahrrad

9 Elektrische Zahnbürste

11 Computer

Welche Energie zieht einen Apfel und alles andere zu Boden? Die Schwerkraft oder Gravitationsenergie. Platsch!

Handy mit Ladegerät **12**

13 Fernseher

Der Fernseher empfängt über ein Kabel Signale von der Satellitenschüssel.

14 Wenn du auf deinem Fahrrad in die Pedale trittst, erzeugst du kinetische Energie (Bewegungsenergie). Sie setzt dich in Bewegung.

IN DER KÜCHE

Was passiert in einer Maschine?

Drück auf die Einschalttaste und KLICK, PLOPP, PING! Das Wasser kocht im Wasserkocher, das Brot röstet im Toaster und dein Haferbrei kommt heiß aus der Mikrowelle.

Wenn Strom durch eine Maschine läuft, geschieht eine fantastische Kettenreaktion. Zahnräder, Riegel und Räder werden in Gang gesetzt und führen ihre Aufgaben gemeinsam aus.

Warum springt das Brot hoch?

Strom heizt einen Draht im Toaster auf. Dieser erhitzt das Brot. Ist der Toast fertig, wird ein Riegel durch einen Zeitschalter geöffnet und das Brot springt dank einer Feder hoch.

SCHAU HINEIN

Entdecke, was passiert, wenn eine Maschine gerade läuft.

Brot springt hoch

Hebel

Heizdraht

Stopp

Strom fließt durch eine Steckdose aus Leitungen in der Wand in den Raum.

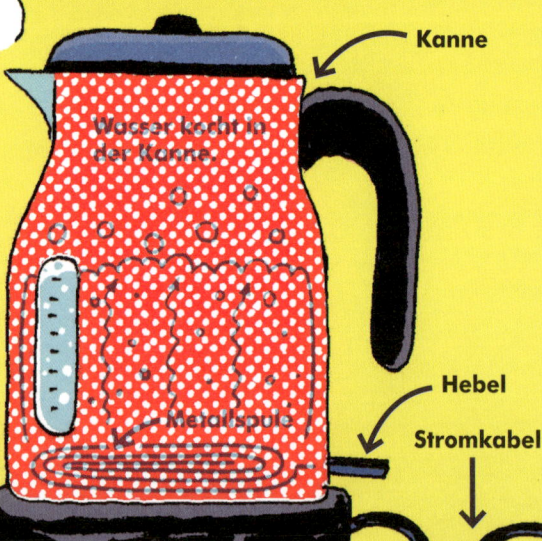

Wie funktioniert ein Wasserkocher?

Unter dem Boden liegt eine **Metallspule**. Strom erhitzt die Spule, wodurch das Wasser zu kochen beginnt. Ist das Wasser heiß genug, schaltet sich der Kocher automatisch aus.

Kanne

Hebel

Stromkabel

Wie funktioniert ein Ofen?

Öfen werden meist mit Strom betrieben, der einen dicken Heizdraht erhitzt, ähnlich wie in einem Toaster. In einem Umluftofen wird mit einem Ventilator heiße Luft im Ofen verteilt.

Wie bleibt ein Kühlschrank kalt?

Im Innern befindet sich eine Flüssigkeit in Rohren. Sie nimmt Hitze aus dem Schrankinnern auf und leitet sie dann auf der Rückseite des Kühlschranks in die Küche ab. Erwärmt sich die Kühlflüssigkeit, verwandelt sie sich in ein Gas. Gibt sie Wärme ab, wird sie wieder flüssig.

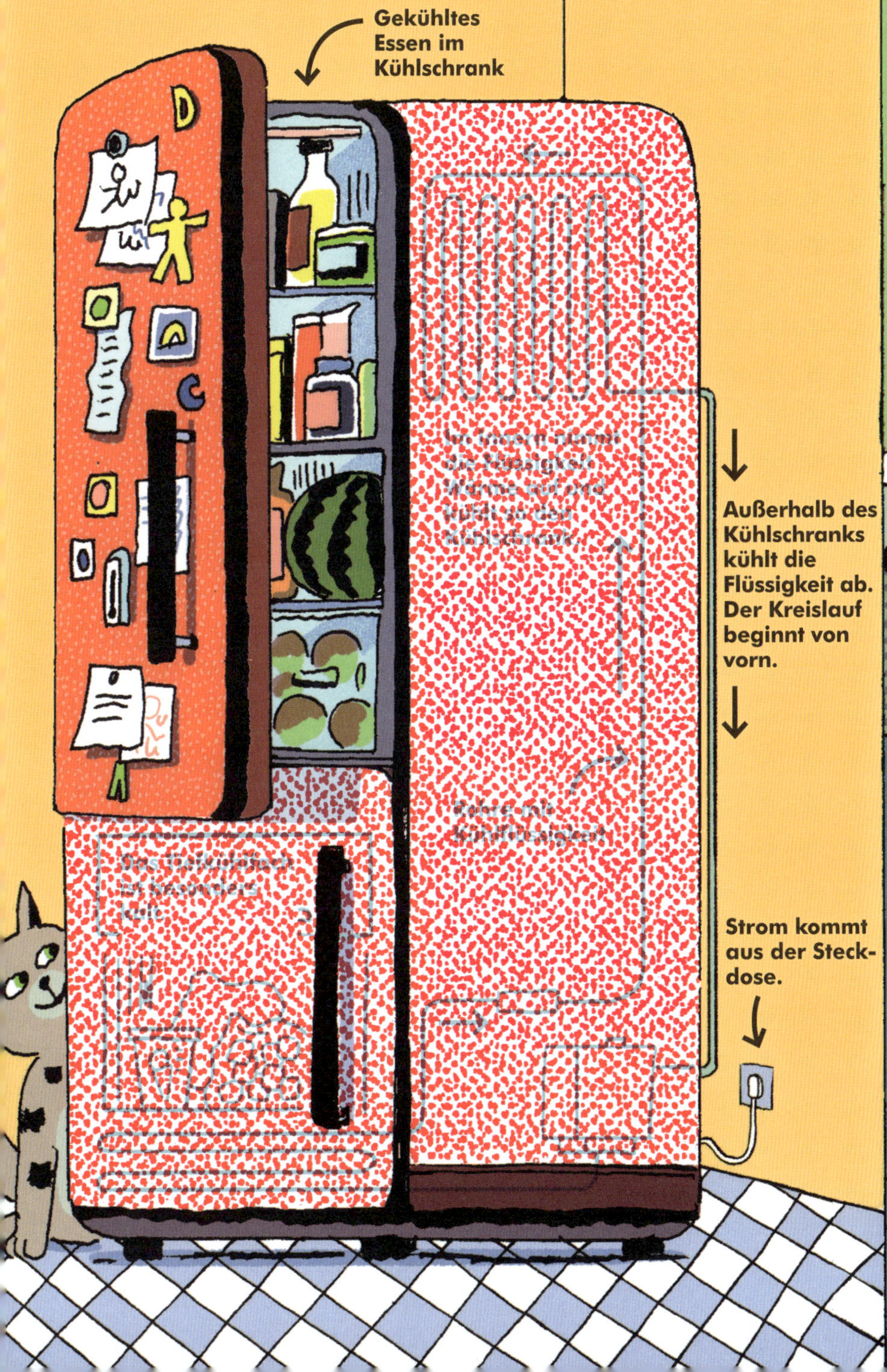

Gekühltes Essen im Kühlschrank

Außerhalb des Kühlschranks kühlt die Flüssigkeit ab. Der Kreislauf beginnt von vorn.

Strom kommt aus der Steckdose.

Wie wärmt die Mikrowelle?

Eine Mikrowelle erhitzt Essen mit Energiewellen, den Mikrowellen. Treffen diese Wellen auf das Essen, wird es erwärmt. Eine Zeitschaltuhr steuert, wie lange das Gerät läuft und wie warm das Essen wird. „Ping!"

Energiewellen erhitzen das Essen.

Zeituhr

Sind Schneebesen Maschinen?

Ja, es sind ganz einfache Maschinen. Deine Muskeln erzeugen die Energie, mit der du Sahne schlägst. Puh!

Muskelkraft

HANDY

Wie geht das bitte?

Wie von Zauberhand, ganz ohne Kabel, überträgt das Handy deine Stimme an das Handy einer Freundin, die weit entfernt ist.

Hinter diesem Zauber stecken Radiowellen. Wir können diese Wellen nicht sehen, hören oder fühlen, aber sie sind überall um uns herum, jagen rasend schnell durch die Luft und übermitteln dabei Nachrichten.

SCHAU HINEIN

Folge der unsichtbaren Reise der Stimmen bei einem Telefongespräch.

Hallo ... hallo ...

❶ Weltweit werden jeden Tag Millionen von Handyanrufen getätigt – 24 Stunden am Tag. Dein **Handy** funktioniert ähnlich wie ein Funksprechgerät. Es kann fast überall Anrufe senden und empfangen.

❷ Ein winziges **Mikrofon** im Handy übersetzt die Höhen und Tiefen deiner Stimme in elektronische Signale.

❸ Die **Antenne** wandelt diese elektronischen Signale in Radiowellen um und sendet sie durch die Luft.

④ Die Radiowellen treffen auf einen **Fernmeldeturm**. Der Turm hat Antennen, die wie Ohren funktionieren und die Wellen einfangen. Vom Turm werden die Wellen weitergesendet, bis sie schließlich das Handy deiner Freundin erreichen.

👁 **SUCHE**

DRINNEN UND DRAUSSEN

Mit der Lupe kannst du einige dieser Dinge finden.

① **Handy**
② **Mikrofon**
③ **Antenne**
④ **Fernmeldeturm**

Wie funktioniert ein Mikrofon?

Wenn du sprichst, erzeugt deine Stimme **Schallwellen**. Diese werden als Energie an das Mikrofon übertragen.

Im Mikrofon befindet sich eine dünne Scheibe, die **Membran**. Trifft die Energie der Schallwellen auf die Membran, beginnt sie zu schwingen. Diese Schwingungen werden in ein **elektronisches Signal** umgewandelt, das dann aufgenommen oder lauter gemacht werden kann.

Ein Magnet wandelt die Schwingungen in ein Signal um.

Membran

Schallwellen

Hallo, wie gehts?

Die Antenne im Handy empfängt die Radiowellen. Der Lautsprecher verwandelt die elektronischen Signale wieder in deine Stimme. Ihr könnt miteinander sprechen und euch hören.

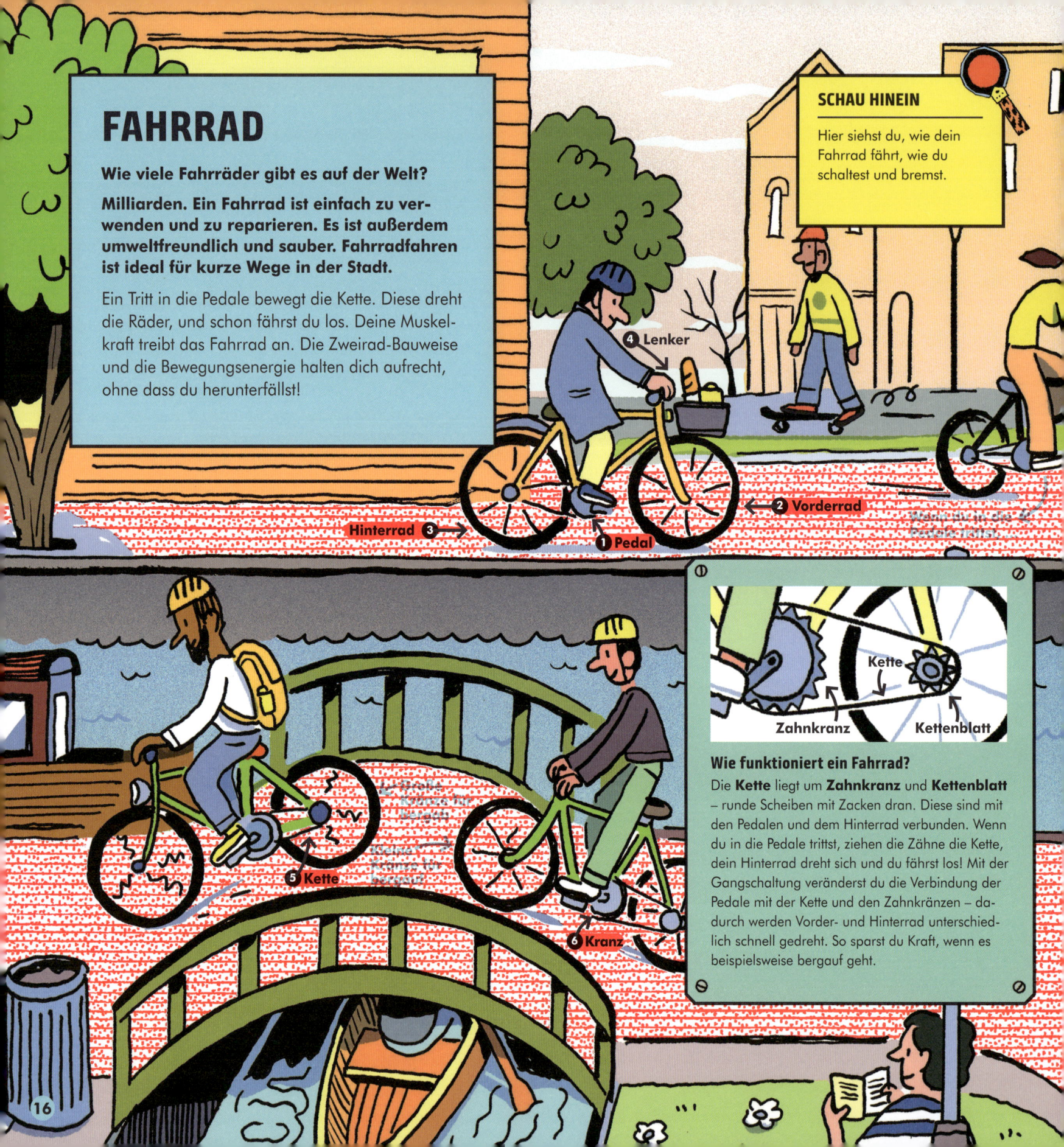

FAHRRAD

Wie viele Fahrräder gibt es auf der Welt?

Milliarden. Ein Fahrrad ist einfach zu verwenden und zu reparieren. Es ist außerdem umweltfreundlich und sauber. Fahrradfahren ist ideal für kurze Wege in der Stadt.

Ein Tritt in die Pedale bewegt die Kette. Diese dreht die Räder, und schon fährst du los. Deine Muskelkraft treibt das Fahrrad an. Die Zweirad-Bauweise und die Bewegungsenergie halten dich aufrecht, ohne dass du herunterfällst!

4 Lenker

2 Vorderrad

Hinterrad 3

1 Pedal

SCHAU HINEIN

Hier siehst du, wie dein Fahrrad fährt, wie du schaltest und bremst.

5 Kette

6 Kranz

Kette

Zahnkranz   Kettenblatt

Wie funktioniert ein Fahrrad?

Die **Kette** liegt um **Zahnkranz** und **Kettenblatt** – runde Scheiben mit Zacken dran. Diese sind mit den Pedalen und dem Hinterrad verbunden. Wenn du in die Pedale trittst, ziehen die Zähne die Kette, dein Hinterrad dreht sich und du fährst los! Mit der Gangschaltung veränderst du die Verbindung der Pedale mit der Kette und den Zahnkränzen – dadurch werden Vorder- und Hinterrad unterschiedlich schnell gedreht. So sparst du Kraft, wenn es beispielsweise bergauf geht.

SUCHE DRINNEN UND DRAUSSEN

Du brauchst die magische Lupe, um einige dieser Dinge zu finden.

1. Pedal
2. Vorderrad
3. Hinterrad
4. Lenker
5. Kette
6. Kettenblatt
7. Roller
8. Fahrradhelm
9. Bremsen
10. Skateboard

8 Fahrradhelm

7 Roller

Wie bremse ich?

Wenn du bremst, zieht der **Bremshebel** an einem Draht, der vom Lenker bis zum Rad verläuft. **Bremsklötze** auf beiden Seiten des Rades werden an die Felge gepresst und das Rad wird langsamer, bis es steht.

Bremshebel

Bremskabel

Bremsklötze

9 Bremse

10 Skateboard

17

AUF DER STRASSE

Wie startet man ein Auto?

Mit einer Drehung des Zündschlüssels startet man den Motor. Dann löst man die Handbremse, tritt auf das Gaspedal und das Auto fährt los. Der Motor treibt die Räder an.

Motoren bewegen alle Arten von Fahrzeugen. Autos bringen Menschen über Straßen an entfernte Orte. Lastwagen transportieren Waren und Güter. Rennwagen flitzen über Rennstrecken.

Was treibt ein Auto an?

Viele Autos verbrennen Benzin als Kraftstoff. Doch das ist schlecht für die Umwelt. Giftige oder schädliche Dämpfe gelangen durch den Auspuff in die Luft, die wir atmen.

Mit dem Lenkrad steuert man, in welche Richtung sich das Auto bewegt.

SCHAU HINEIN

Entdecke, was sich unter der Motorhaube eines Autos befindet.

Warum hat ein Lastwagen so viele Räder?

Beim Lastwagen wird das Gewicht auf mehrere Räder verteilt. Jedes einzelne Rad muss damit weniger Last aushalten.

Wie bewegt sich ein Auto?

1 Wenn du den Zündschlüssel drehst, gibt die Batterie Strom an die Zündkerze im Zylinder, die einen Funken abgibt.

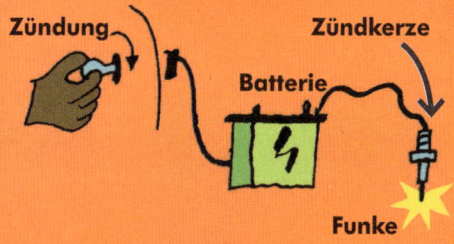

Zündung
Zündkerze
Batterie
Funke

2 Der Funke entzündet den Kraftstoff im Zylinder. Diese Explosion schiebt den sogenannten Kolben an, der sich dann auf und ab bewegt.

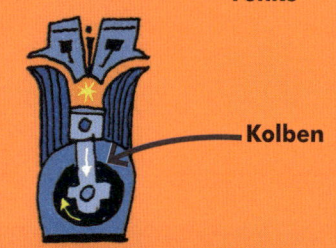

Kolben

3 Der Kolben treibt die Achse an, die mit den Rädern verbunden ist. Das Auto fährt los.

Rad
Achse

Was ist ein Elektroauto?

Ein Elektroauto hat einen Motor, der von einer Batterie gespeist wird. Die Batterie wird mit Strom aus einer Ladestation mit Energie geladen. Ein Elektroauto verursacht weniger Verschmutzung, da es keinen Kraftstoff verbrennt.

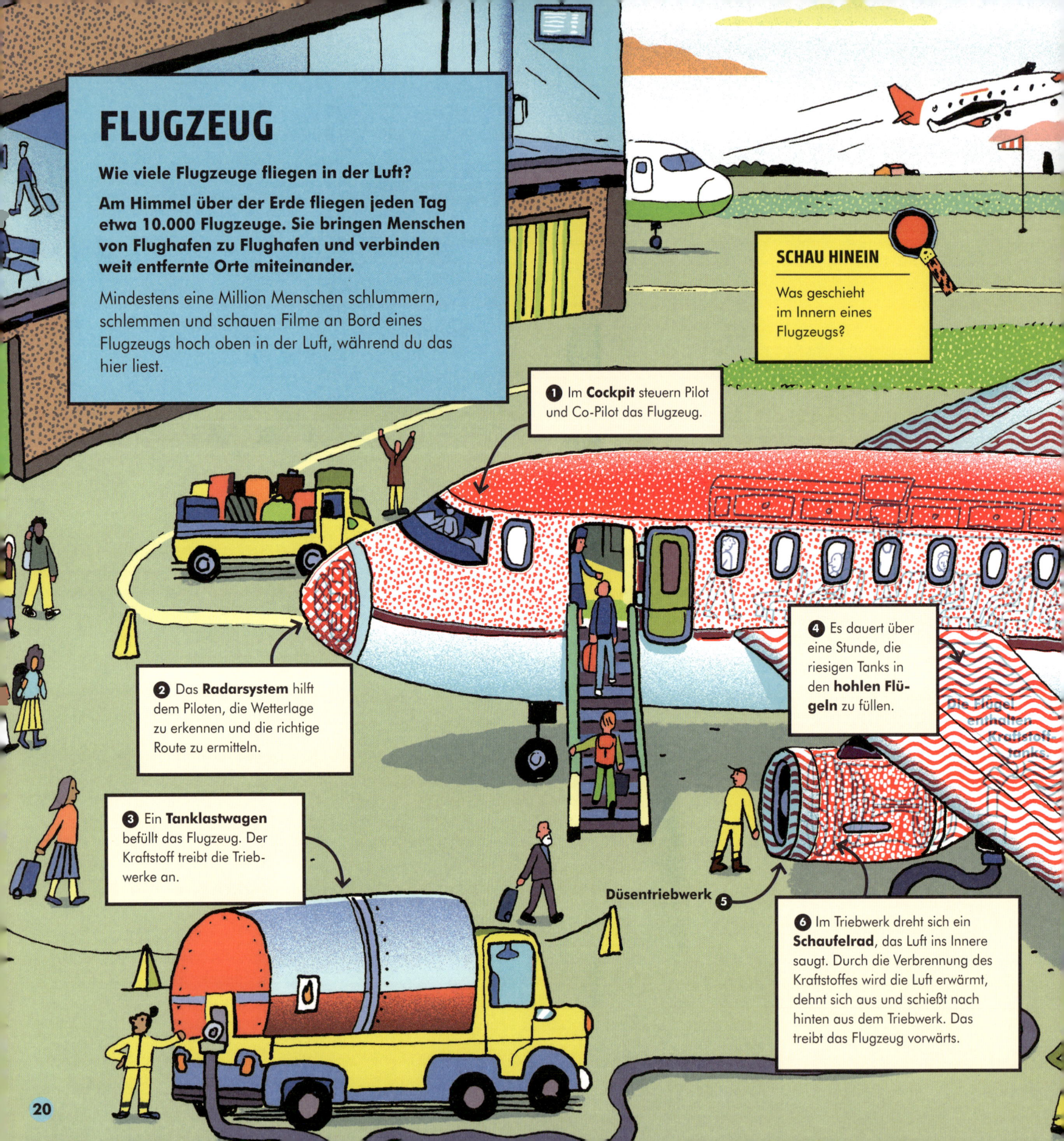

FLUGZEUG

Wie viele Flugzeuge fliegen in der Luft?

Am Himmel über der Erde fliegen jeden Tag etwa 10.000 Flugzeuge. Sie bringen Menschen von Flughafen zu Flughafen und verbinden weit entfernte Orte miteinander.

Mindestens eine Million Menschen schlummern, schlemmen und schauen Filme an Bord eines Flugzeugs hoch oben in der Luft, während du das hier liest.

SCHAU HINEIN

Was geschieht im Innern eines Flugzeugs?

1 Im **Cockpit** steuern Pilot und Co-Pilot das Flugzeug.

2 Das **Radarsystem** hilft dem Piloten, die Wetterlage zu erkennen und die richtige Route zu ermitteln.

3 Ein **Tanklastwagen** befüllt das Flugzeug. Der Kraftstoff treibt die Triebwerke an.

4 Es dauert über eine Stunde, die riesigen Tanks in den **hohlen Flügeln** zu füllen.

Die Flügel enthalten Kraftstofftanks

Düsentriebwerk 5

6 Im Triebwerk dreht sich ein **Schaufelrad**, das Luft ins Innere saugt. Durch die Verbrennung des Kraftstoffes wird die Luft erwärmt, dehnt sich aus und schießt nach hinten aus dem Triebwerk. Das treibt das Flugzeug vorwärts.

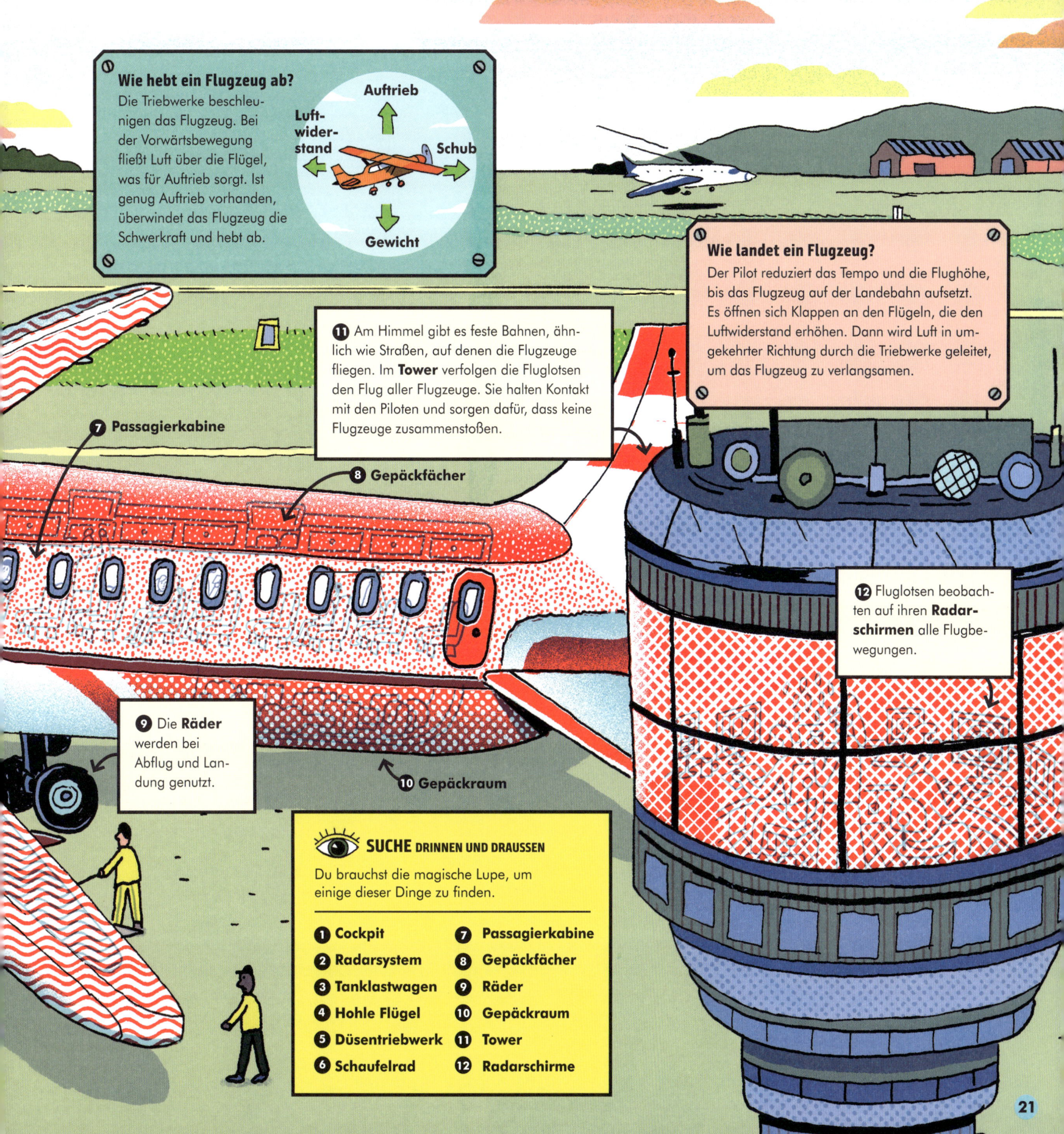

Wie hebt ein Flugzeug ab?
Die Triebwerke beschleunigen das Flugzeug. Bei der Vorwärtsbewegung fließt Luft über die Flügel, was für Auftrieb sorgt. Ist genug Auftrieb vorhanden, überwindet das Flugzeug die Schwerkraft und hebt ab.

Auftrieb

Luftwiderstand

Schub

Gewicht

Wie landet ein Flugzeug?
Der Pilot reduziert das Tempo und die Flughöhe, bis das Flugzeug auf der Landebahn aufsetzt. Es öffnen sich Klappen an den Flügeln, die den Luftwiderstand erhöhen. Dann wird Luft in umgekehrter Richtung durch die Triebwerke geleitet, um das Flugzeug zu verlangsamen.

⑪ Am Himmel gibt es feste Bahnen, ähnlich wie Straßen, auf denen die Flugzeuge fliegen. Im **Tower** verfolgen die Fluglotsen den Flug aller Flugzeuge. Sie halten Kontakt mit den Piloten und sorgen dafür, dass keine Flugzeuge zusammenstoßen.

⑦ **Passagierkabine**

⑧ **Gepäckfächer**

⑫ Fluglotsen beobachten auf ihren **Radarschirmen** alle Flugbewegungen.

⑨ Die **Räder** werden bei Abflug und Landung genutzt.

⑩ **Gepäckraum**

👁 **SUCHE** DRINNEN UND DRAUSSEN
Du brauchst die magische Lupe, um einige dieser Dinge zu finden.

❶ Cockpit		❼ Passagierkabine	
❷ Radarsystem		❽ Gepäckfächer	
❸ Tanklastwagen		❾ Räder	
❹ Hohle Flügel		❿ Gepäckraum	
❺ Düsentriebwerk		⓫ Tower	
❻ Schaufelrad		⓬ Radarschirme	

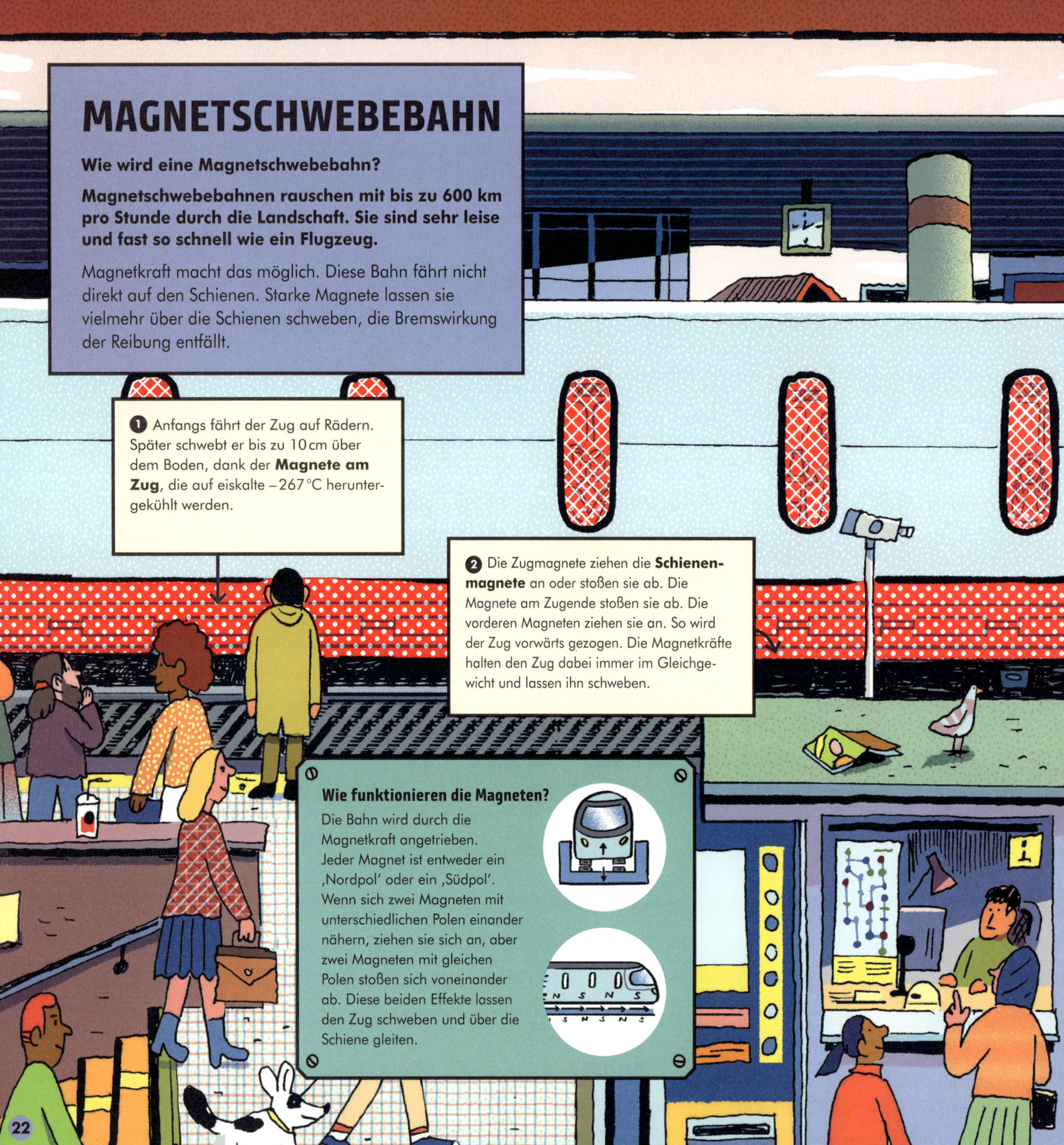

MAGNETSCHWEBEBAHN

Wie wird eine Magnetschwebebahn?

Magnetschwebebahnen rauschen mit bis zu 600 km pro Stunde durch die Landschaft. Sie sind sehr leise und fast so schnell wie ein Flugzeug.

Magnetkraft macht das möglich. Diese Bahn fährt nicht direkt auf den Schienen. Starke Magnete lassen sie vielmehr über die Schienen schweben, die Bremswirkung der Reibung entfällt.

❶ Anfangs fährt der Zug auf Rädern. Später schwebt er bis zu 10 cm über dem Boden, dank der **Magnete am Zug**, die auf eiskalte −267 °C heruntergekühlt werden.

❷ Die Zugmagnete ziehen die **Schienenmagnete** an oder stoßen sie ab. Die Magnete am Zugende stoßen sie ab. Die vorderen Magneten ziehen sie an. So wird der Zug vorwärts gezogen. Die Magnetkräfte halten den Zug dabei immer im Gleichgewicht und lassen ihn schweben.

Wie funktionieren die Magneten?

Die Bahn wird durch die Magnetkraft angetrieben. Jeder Magnet ist entweder ein ‚Nordpol' oder ein ‚Südpol'. Wenn sich zwei Magneten mit unterschiedlichen Polen einander nähern, ziehen sie sich an, aber zwei Magneten mit gleichen Polen stoßen sich voneinander ab. Diese beiden Effekte lassen den Zug schweben und über die Schiene gleiten.

SUCHE

DRINNEN UND DRAUSSEN

Die magische Lupe hilft dir beim Suchen.

1. Magnete am Zug
2. Schienenmagnete
3. Passagierkabine
4. Fahrerkabine

Da die Magnetschwebebahn keinen Kraftstoff verbrennt, sondern Strom verbraucht, ist sie weniger schädlich für die Umwelt.

3 Passagier-kabine

4 Fahrerkabine

Wie reist man am schnellsten?

Fahrräder, Schiffe, Busse und Autos – Menschen haben verschiedenste Fahrzeuge gebaut. Die Magnetschwebebahn ist sehr schnell. Die schnellste Art zu reisen ist jedoch mit dem Düsenflugzeug.

Mensch	Fahrrad	Auto	Hubschrauber	Magnet-schwebebahn	Düsenjet
12 km/h	16 km/h	120 km/h	260 km/h	600 km/h	900 km/h

CONTAINERSCHIFF

Wie weit fährt ein Containerschiff?

Von einer Seite der Welt zur anderen. Nach mehr als einem Monat auf See kommt das Schiff im Hafen an, voll beladen mit Containern, in denen sich Waren befinden.

Container sind Metallkisten. Darin stecken alle möglichen Dinge: von den neusten Computern bis zu Erbsen in Dosen. Im Schiff und auf Deck sind die Container ordentlich aufeinandergestapelt, wie riesige Bausteine.

SCHAU HINEIN

Schau, was auf und unter Deck des Schiffs vor sich geht.

3 Von der **Brücke** aus überwacht der Kapitän den Kurs des Schiffes am Computer.

4 Deck

KARABOUDJAN

2 Maschine

1 Ein kleiner Schlepper mit starkem **Motor** bugsiert das riesige Containerschiff sicher an den richtigen Hafenkai.

Wie schwimmt ein Schiff?

Im Wasser wirken zwei Kräfte auf das Schiff ein. Die Schwerkraft zieht das Schiff nach unten. Das ist sein Gewicht. Durch die Kraft des Wassers und die breite Form des Schiffes wird ein Auftrieb erzeugt. Obwohl das Schiff sehr schwer ist, schwimmt es an der Oberfläche, da der Auftrieb des Wassers seinem Gewicht entgegenwirkt.

Gewicht ↓

Auftrieb

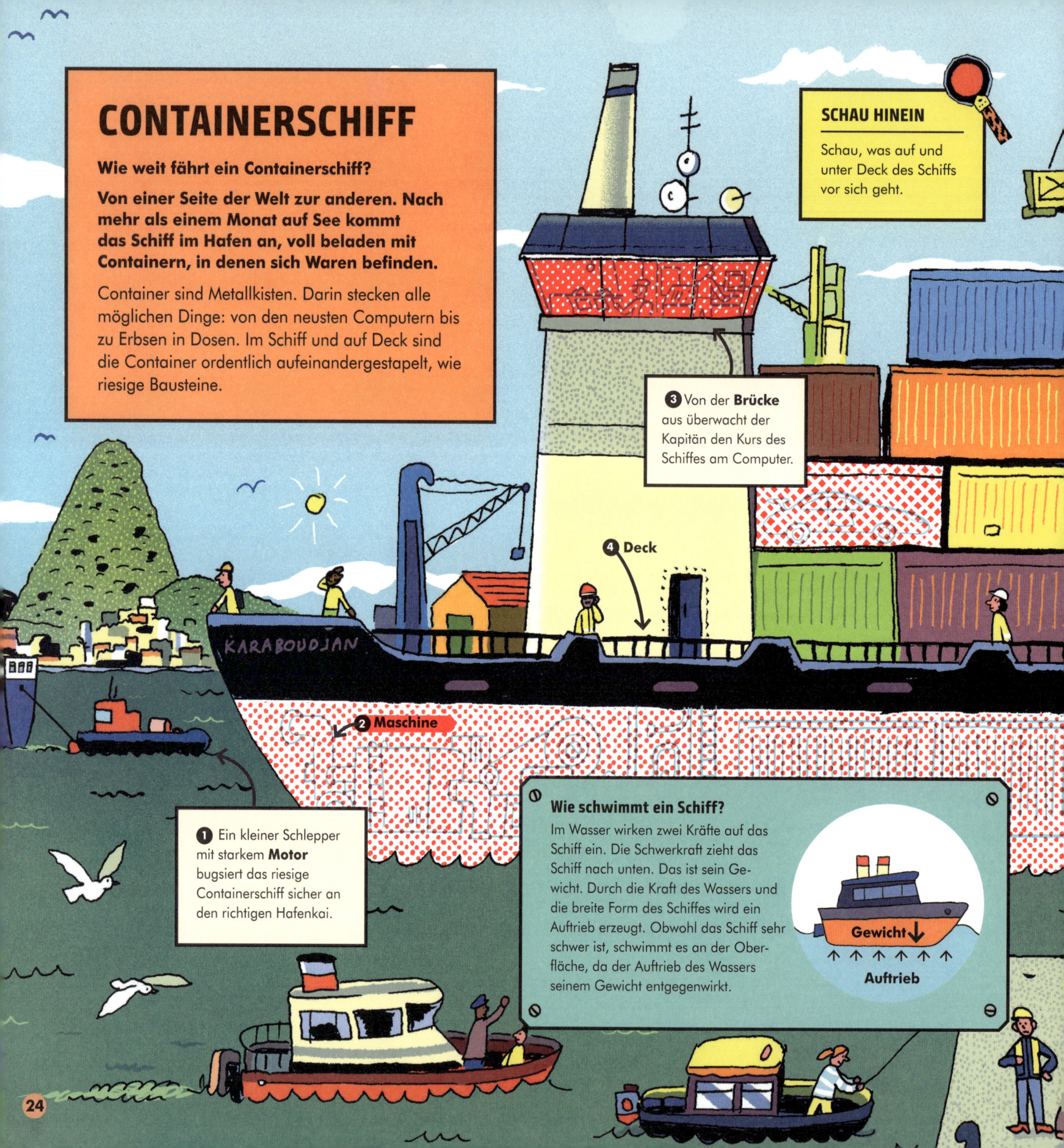

7 Ein Container hängt am Haken eines **Krans**.

8 An der Spitze des Krans befindet sich eine **Seilwinde**, die das Kabel straff hält. Seilzüge sparen Kraft.

6 Container

9 Der lange **Kranausleger** kann seitlich schwenken oder auf und ab bewegt werden.

10 Ein **Gegengewicht** verhindert, dass der Kran wegen der Last umkippt.

👁 **SUCHE DRINNEN UND DRAUSSEN**

Du brauchst die magische Lupe, um einige dieser Dinge zu finden.

1 Schlepper
2 Maschine
3 Brücke
4 Deck
5 Rumpf
6 Container

7 Kran
8 Seilwinde
9 Kranausleger
10 Gegengewicht
11 Container-Lastwagen

5 Der **Rumpf** liegt im Wasser und lässt das Schiff schwimmen. Ein schmaler Rumpf ermöglicht hohe Geschwindigkeiten, ein breiter Rumpf trägt mehr Lasten.

11 Die Container werden im Hafen abgeladen und kommen dann auf einen **Container-Lastwagen** oder auf einen Güterzug. Die Lastwagen machen sich bald auf den Weg, um die Güter in den Containern im ganzen Land auszuliefern.

U-BOOT

Warum sieht ein U-Boot aus wie ein Fisch?

Die schlanke Form und die glatte Außenhaut lassen ein U-Boot mit großer Geschwindigkeit durchs Wasser gleiten. Die Schiffsschraube schiebt es vorwärts.

Die Besatzung klettert durch eine Luke an der Oberseite an Bord, die dann von innen geschlossen wird. Ein innerer und ein äußerer Rumpf verhindern, dass Wasser eintritt. Das U-Boot kann jetzt auf Tauchstation gehen.

SCHAU HINEIN

Entdecke, was unter Wasser im U-Boot geschieht.

❷ Durch das **Peris-kop** kann man vom getauchten Boot aus über der Wasseroberfläche Ausschau halten.

❸ Die zwei **Rümpfe** schützen die Besatzung vor dem starken Druck in der Tiefe des Meeres.

Luke **❹**

❶ Die **Schiffsschraube** schiebt das U-Boot durch das Wasser.

❺ Maschinenraum

Wie taucht ein U-Boot unter?

Der Kapitän gibt den Befehl zum Tauchen. Wasser fließt in den Raum zwischen dem inneren und dem äußeren Rumpf. Da Wasser schwerer ist als Luft, sinkt das U-Boot ab.

Äußerer Rumpf

Innerer Rumpf

Um wieder aufzutauchen, wird Luft in den Zwischenraum geblasen. Die Luft drückt das Wasser hinaus. Das U-Boot wird leichter und taucht auf.

👁 SUCHE DRINNEN UND DRAUSSEN

Du brauchst die magische Lupe, um einige dieser Dinge zu finden.

❶ Schiffsschraube **❽** Kojen
❷ Periskop **❾** Sauerstoffflasche
❸ Rümpfe **❿** Seekabel
❹ Luke **⓫** Tauchroboter
❺ Maschinenraum **⓬** Forschungsschiff
❻ Kontrollraum **⓭** Taucherglocke
❼ Echolot

6 Vom **Kontroll-raum** aus steuert der Kapitän das U-Boot.

7 Das **Echolot** sendet Schallwellen aus. Werden sie zurückgeworfen, weiß die Besatzung, wie weit bestimmte Objekte im Meer entfernt sind.

8 Die Besatzung schläft im Mannschaftsquartier in **Kojen**. Bis zu drei Monate können sie unter Wasser verbringen. Es ist eng.

Sauerstoffflasche 9

10 Tausende Kilometer lange **Seekabel** und Rohre verlaufen auf dem Meeresgrund von einer Küste zur anderen. Über Kabel werden Daten oder Informationen um die ganze Welt gesendet, durch die Rohre Erdöl und Gas.

12 Der Tauchroboter ist über ein Kabel mit einem **Forschungsschiff** verbunden. Die Besatzung des Schiffes steuert den Roboter unter Wasser.

11 Unter Wasser gibt es ganz schön viel zu tun. Ein **Tauchroboter** macht Fotos, um den Meeresgrund zu vermessen. Er hat Greifarme, um etwas einzusammeln.

13 Ein Taucher sitzt in einer **Tau-cherglocke**, die mit einem Schiff verbunden ist. Die Glocke schützt den Taucher vor dem hohen Druck unter Wasser. Dann verlässt der Taucher die Glocke durch eine Luke und atmet mithilfe des Sauerstoff-geräts.

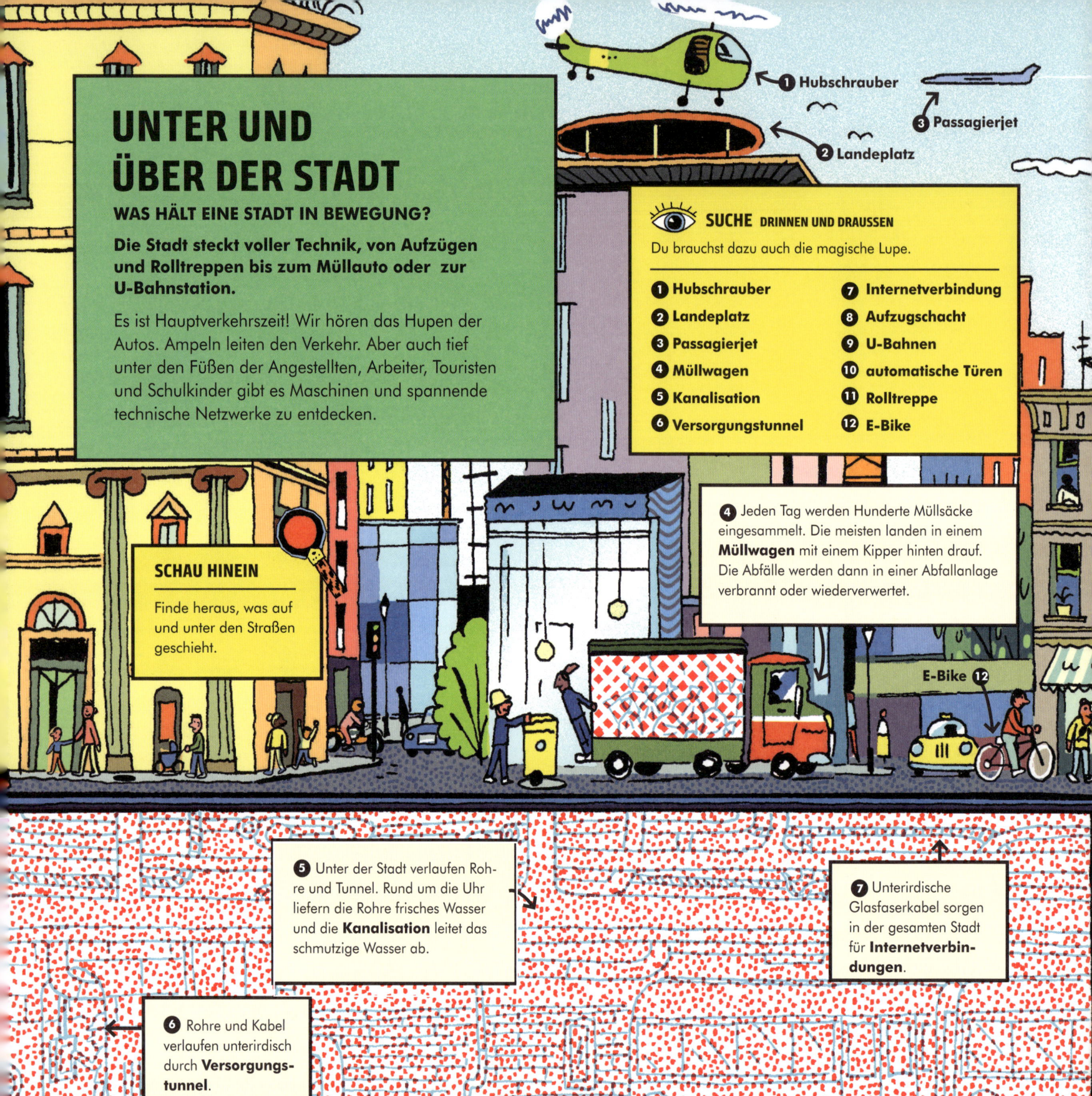

UNTER UND ÜBER DER STADT

WAS HÄLT EINE STADT IN BEWEGUNG?

Die Stadt steckt voller Technik, von Aufzügen und Rolltreppen bis zum Müllauto oder zur U-Bahnstation.

Es ist Hauptverkehrszeit! Wir hören das Hupen der Autos. Ampeln leiten den Verkehr. Aber auch tief unter den Füßen der Angestellten, Arbeiter, Touristen und Schulkinder gibt es Maschinen und spannende technische Netzwerke zu entdecken.

1 Hubschrauber

3 Passagierjet

2 Landeplatz

👁 SUCHE DRINNEN UND DRAUSSEN

Du brauchst dazu auch die magische Lupe.

1 Hubschrauber   **7** Internetverbindung

2 Landeplatz   **8** Aufzugschacht

3 Passagierjet   **9** U-Bahnen

4 Müllwagen   **10** automatische Türen

5 Kanalisation   **11** Rolltreppe

6 Versorgungstunnel   **12** E-Bike

SCHAU HINEIN

Finde heraus, was auf und unter den Straßen geschieht.

4 Jeden Tag werden Hunderte Müllsäcke eingesammelt. Die meisten landen in einem **Müllwagen** mit einem Kipper hinten drauf. Die Abfälle werden dann in einer Abfallanlage verbrannt oder wiederverwertet.

E-Bike **12**

5 Unter der Stadt verlaufen Rohre und Tunnel. Rund um die Uhr liefern die Rohre frisches Wasser und die **Kanalisation** leitet das schmutzige Wasser ab.

7 Unterirdische Glasfaserkabel sorgen in der gesamten Stadt für **Internetverbindungen**.

6 Rohre und Kabel verlaufen unterirdisch durch **Versorgungstunnel**.

Wie funktioniert ein Aufzug?

In einem Aufzugschacht fährt die Kabine zwischen den Stockwerken auf und ab. Am oberen Ende des Schachts befindet sich ein großer Motor.

Motor

Kabine

Maschi-nenraum

Gewicht

Aufzug-schacht

Fährst du nach oben, zieht der Motor die Kabine an einem Stahlseil über eine Seilwinde hoch. Gleichzeitig zieht ein Gewicht nach unten, um dem Gewicht der Aufzugkabine entgegenzuwirken. Fährst du nach unten, zieht der Motor das Stahlseil in die andere Richtung.

Aufzug-schacht 8

12 E-Bike

9 Bitte einsteigen! Hier unten bringen **U-Bahnen** auf elektrischen Schienen die Menschen an ihr Ziel.

10 An jeder Station öffnet der Fahrer die **automatischen Türen** über einen Computer.

11 Laufen oder stehen, auf oder ab: Eine **Rolltreppe** läuft in einer endlosen Schleife. Sie wird von einem starken Motor angetrieben. Zahnräder bewegen eine Kette, die wiederum die Stufen zieht, auf der die Menschen stehen.

BEIM ARZT

Wie können Ärzte in deinen Körper hineinschauen?

Einmal ‚Ah' sagen! Eine Ärztin schaut in deinen Mund, um festzustellen, ob dein Hals gerötet ist. Aber was ist mit all den versteckten Teilen in deinem Körper?

Maschinen machen Bilder von Knochen und Weichteilen im Körper, den sogenannten Organen. Es gibt auch Geräte, die Geräusche erfassen, durch die ein Arzt dann erkennen kann, was genau in deinem Körper passiert.

Ultra-schallbild

Scanner

Arzt

Stethoskop

Brust-stück

Wie hört die Ärztin dein Herz ab?

Die Ärztin legt das Brust-stück ihres Stethoskops auf dein Herz. Deine Herzschläge bringen eine Membran im Brustück zum Schwingen. Die Schwingungen laufen im Schlauch hoch zum Ohrbügel, wo die Ärztin dann deinen Herzschlag hören kann.

Wie entsteht ein Ultraschallbild eines Babys?

Ein Arzt fährt mit einem Scanner über den Bauch der schwangeren Frau. Schallwellen (Ultraschall) laufen durch den Körper. Treffen sie auf das Baby, werden sie zurückgeworfen. Die zurückkehrenden Wellen zeichnen ein Bild des Babys, das wir **Ultraschallbild** nennen.

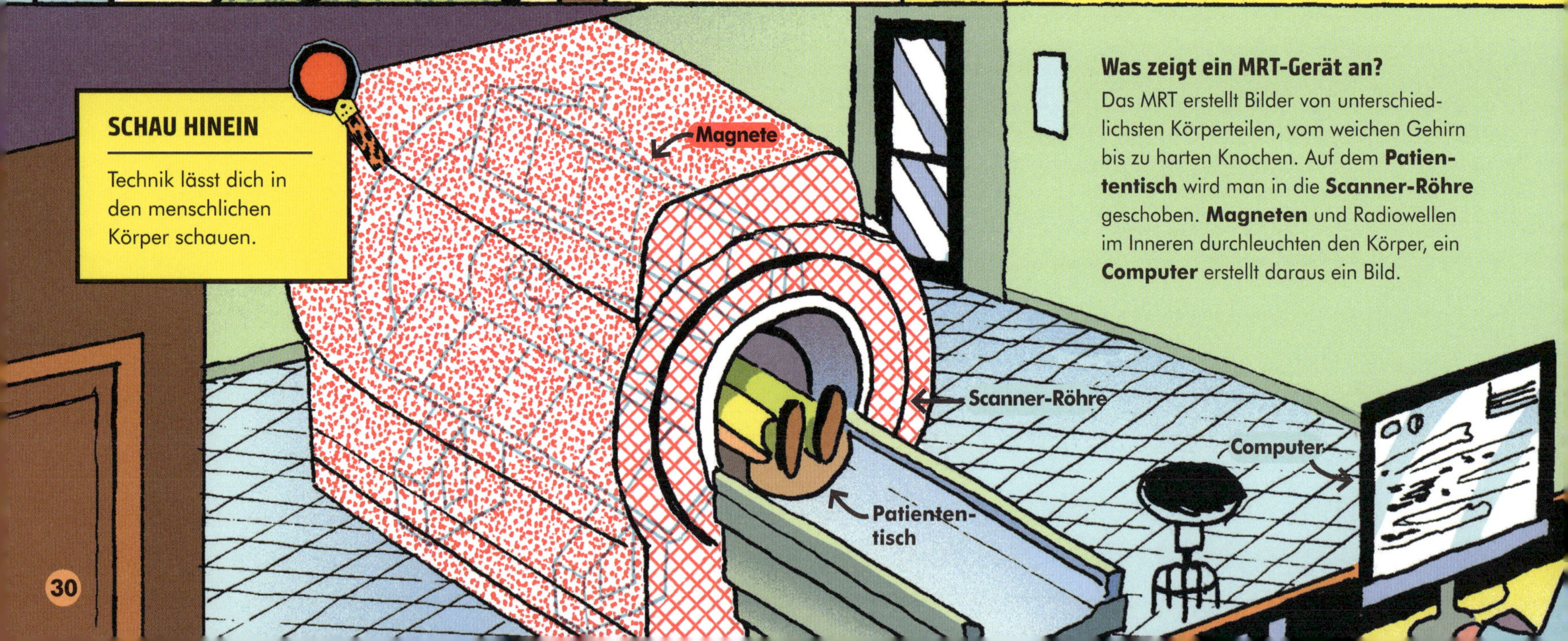

SCHAU HINEIN

Technik lässt dich in den menschlichen Körper schauen.

Magnete

Was zeigt ein MRT-Gerät an?

Das MRT erstellt Bilder von unterschied-lichsten Körperteilen, vom weichen Gehirn bis zu harten Knochen. Auf dem **Patien-tentisch** wird man in die **Scanner-Röhre** geschoben. **Magneten** und Radiowellen im Inneren durchleuchten den Körper, ein **Computer** erstellt daraus ein Bild.

Scanner-Röhre

Computer

Patienten-tisch

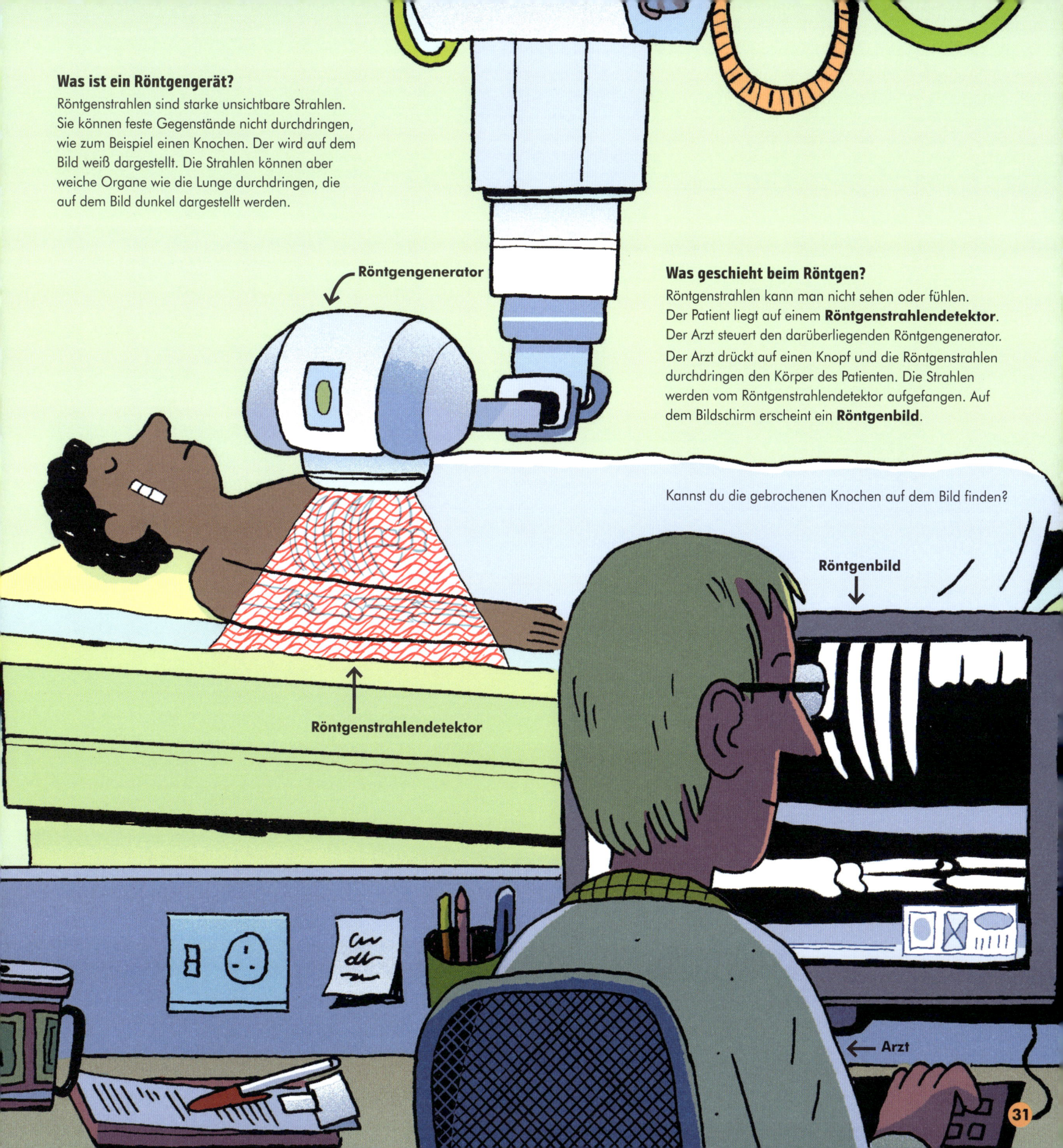

Was ist ein Röntgengerät?

Röntgenstrahlen sind starke unsichtbare Strahlen. Sie können feste Gegenstände nicht durchdringen, wie zum Beispiel einen Knochen. Der wird auf dem Bild weiß dargestellt. Die Strahlen können aber weiche Organe wie die Lunge durchdringen, die auf dem Bild dunkel dargestellt werden.

Röntgengenerator

Was geschieht beim Röntgen?

Röntgenstrahlen kann man nicht sehen oder fühlen. Der Patient liegt auf einem **Röntgenstrahlendetektor**. Der Arzt steuert den darüberliegenden Röntgengenerator.

Der Arzt drückt auf einen Knopf und die Röntgenstrahlen durchdringen den Körper des Patienten. Die Strahlen werden vom Röntgenstrahlendetektor aufgefangen. Auf dem Bildschirm erscheint ein **Röntgenbild**.

Kannst du die gebrochenen Knochen auf dem Bild finden?

Röntgenbild

Röntgenstrahlendetektor

Arzt

AUF DER BAUSTELLE

Wie baut man einen Wolkenkratzer?

Zuerst zeichnet ein Architekt einen Plan, Stockwerk für Stockwerk. Dann baut ein Team von Bauarbeitern das Gebäude mit riesigen Maschinen von unten nach oben auf.

Bagger schaufeln, Betonmischer drehen und hohe Kräne heben jeden Stein und ganze Wände an die vorgesehene Stelle. Schritt für Schritt wächst der Turm in den Himmel. Der Plan des Architekten wird Wirklichkeit.

❶ Ein Wolkenkratzer wird um ein Skelett aus verschraubten, stabilen **Stahlträgern** gebaut.

❷ In der Mitte des Wolkenkratzers bilden **innere Betonwände** das Grundgerüst, das das hohe Gebäude trägt.

❹ Ein Bagger fährt auf **Ketten** über den unebenen Boden. Im Bagger treibt ein Motor die Zahnräder an, die wiederum die Raupenkette vorwärts drehen. Die Kette hat ein tiefes Profil für gute Bodenhaftung.

❸ Bagger

SUCHE DRINNEN UND DRAUSSEN
Nimm die magische Lupe zur Hilfe.

1 **Stahlträger**
2 **innere Betonwände**
3 **Bagger**
4 **Kette**
5 **Schaufel**
6 **Betonmischer**
7 **Betonrutsche**
8 **Beton**
9 **Presslufthammer**
10 **Fundament**

9 Presslufthammer

5 Der Bagger schaufelt Schutt mit einer **Schaufel**, die eine scharfe Kante hat.

7 Über die **Betonrutsche** gelangt die matschige Mischung in die Baugrube. Dort wird sie fest.

8 Beton

6 Die Trommel des **Betonmischers** dreht sich, damit der Beton aus Zement, Sand und Wasser nicht hart wird.

10 Vor dem Bau wird eine tiefe Grube für das **Fundament** ausgehoben. Es besteht aus einer dicken Schicht Beton und verhindert, dass der Bau später in den weichen Boden einsinkt oder umkippt. Das Fundament verankert das Gebäude fest im Boden, so wie Wurzeln einen Baum halten.

Wie baut man erdbebensicher?
In vielen Ländern müssen Gebäude öfter mal Erdbeben aushalten. Die Gebäude sind dort so gebaut, dass sie schwingen können. Wenn starke Stürme wehen oder die Erde bebt, biegen sich diese Gebäude, statt zu brechen.

DRUCKERPRESSE

Wie druckt man ein Buch?

Bücher werden von einer riesigen Maschine gedruckt, einer Druckerpresse. Sie werden dann mit einem Containerschiff, einem Zug oder einem Lastwagen an deinen Wohnort oder in einen Buchladen in deiner Nähe geschickt.

Um all die Milliarden von Büchern weltweit zu drucken, benötigt man außer der Presse noch Tinte und Papier. Die ‚Druckerpresse' heißt so, weil das Papier gegen die Tinte gepresst wird, damit die Wörter und Bilder auf dem Papier erscheinen.

Wie wird ein Buch hergestellt?

❶ Der Verleger stellt ein Team zusammen, das an dem Buch arbeitet. Die Autorin schreibt. Der Illustrator zeichnet. Die Grafikerin bringt Bild und Text in Computerdateien zusammen. Der Redakteur stellt sicher, dass alles richtig ist.

SCHAU HINEIN

Hier siehst du, wie die Seiten eines Buches gedruckt werden.

❷ Computer

❸ Die Computerdateien werden an die Druckerei gesendet, die dann die Wörter und Bilder mit einer **Druckerpresse** druckt.

❹ Ein riesiger Stapel **Papier** wird in die Druckerpresse eingelegt.

❺ Das Papier durchläuft vier Teile einer Maschine, von denen jeder eine Farbe mit **farbiger Tinte** druckt – Cyan (C), Magenta (M), Gelb (Y) und Schwarz (K). Vorder- und Rückseite werden nacheinander bedruckt.

C

CM

CMY

CMYK

Was ist Vierfarbdruck?

Die bunten Bilder können mit nur vier Farben gedruckt werden. Diese Farben sind:

- Cyan, ein Blau
- Magenta, ein Rosa
- Gelb
- Schwarz

Die anderen Farbtöne entstehen dadurch, dass unterschiedliche Mengen dieser vier Farben übereinander gedruckt werden.

Die Farbe Orange entsteht durch Magenta mit ganz viel Gelb. Wie entsteht Grün?

6 Die bedruckten Bögen werden in Abschnitte mit acht Seiten gefaltet. Die Bögen werden dann in der Mitte zusammengebunden und die Ränder abgeschnitten. Diese Schritte werden von separaten **Falt-, Binde und Schneidemaschinen** vorgenommen.

7 Der Umschlag wird auf Pappe geklebt. Zum Schluss werden die Seiten an den Buchrücken geklebt. Das **fertige Buch** ist lesebereit.

👁 SUCHE DRINNEN UND DRAUSSEN

Du brauchst die magische Lupe, um einige dieser Dinge zu finden.

1. **kreatives Team**
2. **Computer**
3. **Druckerpresse**
4. **Papier**
5. **farbige Tinte**
6. **Schneidemaschine**
7. **fertiges Buch**

Mach dich auf die Suche!

Auf der Umschlaginnenseite findest du Hinweise darauf, wie dieses Buch hergestellt wurde.
- In welchem Jahr wurde dieses Buch geschrieben?
- Wie heißt der Verlag, der dieses Buch gemacht hat?
- Jedes Buch hat seine eigene besondere Nummer, eine Internationale Standardbuchnummer (ISBN). Wie lautet die ISBN für dieses Buch?

ROBOTER

Was können Roboter?

Roboter findet man heutzutage überall – in Fabriken, in Krankenhäusern und sogar im Weltraum. Ein Roboter kann riesig sein oder so winzig wie ein Stecknadelkopf.

Ein Roboter befolgt Anweisungen, die der Mensch ihm mittels Computer erteilt. Roboter verrichten extrem genaue, gefährliche, schwere und langweilige Arbeit. Manchmal sind das Tätigkeiten, die Menschen nicht machen können oder wollen.

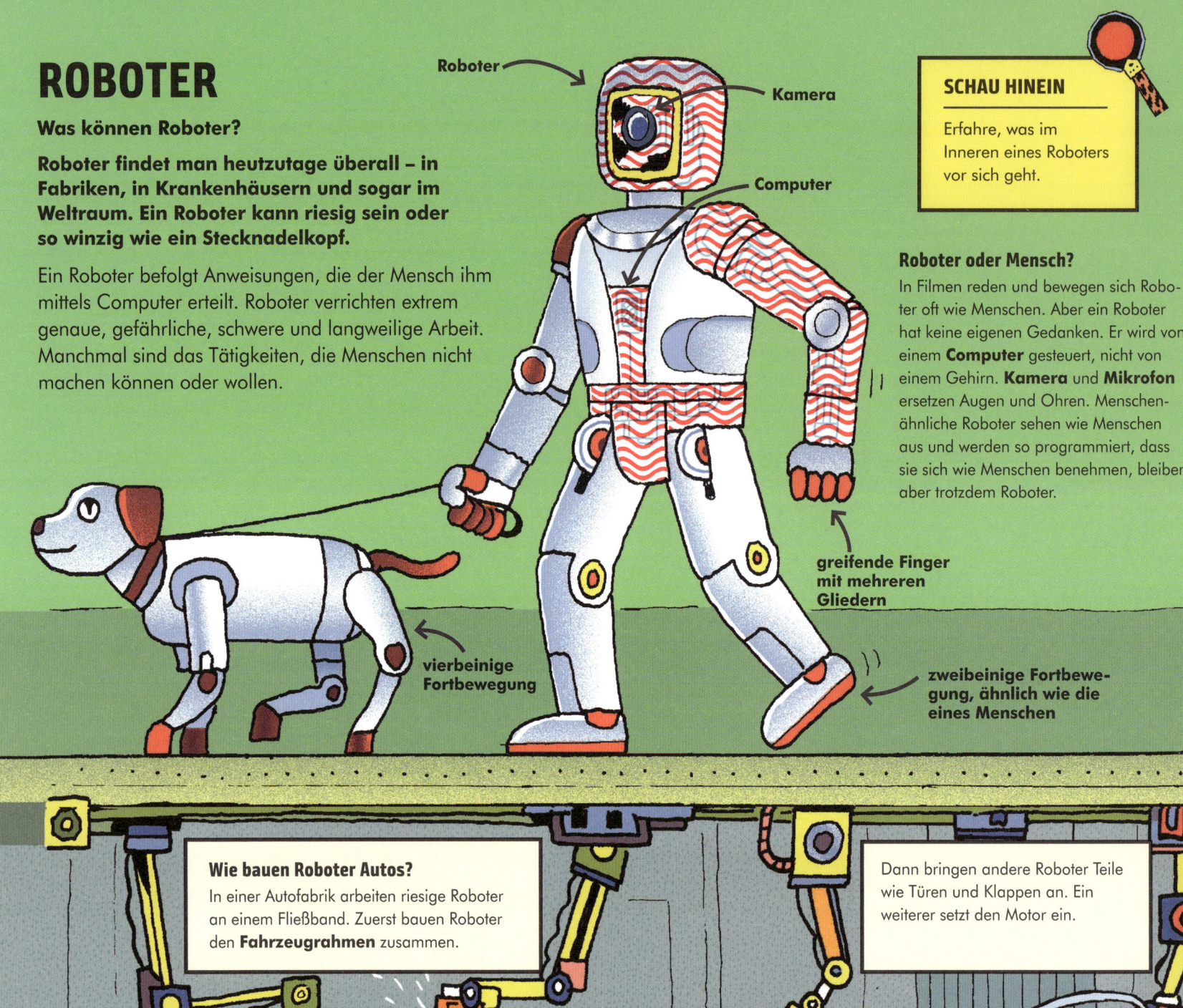

Roboter

Kamera

Computer

vierbeinige Fortbewegung

greifende Finger mit mehreren Gliedern

zweibeinige Fortbewegung, ähnlich wie die eines Menschen

SCHAU HINEIN

Erfahre, was im Inneren eines Roboters vor sich geht.

Roboter oder Mensch?

In Filmen reden und bewegen sich Roboter oft wie Menschen. Aber ein Roboter hat keine eigenen Gedanken. Er wird von einem **Computer** gesteuert, nicht von einem Gehirn. **Kamera** und **Mikrofon** ersetzen Augen und Ohren. Menschenähnliche Roboter sehen wie Menschen aus und werden so programmiert, dass sie sich wie Menschen benehmen, bleiben aber trotzdem Roboter.

Wie bauen Roboter Autos?

In einer Autofabrik arbeiten riesige Roboter an einem Fließband. Zuerst bauen Roboter den **Fahrzeugrahmen** zusammen.

Dann bringen andere Roboter Teile wie Türen und Klappen an. Ein weiterer setzt den Motor ein.

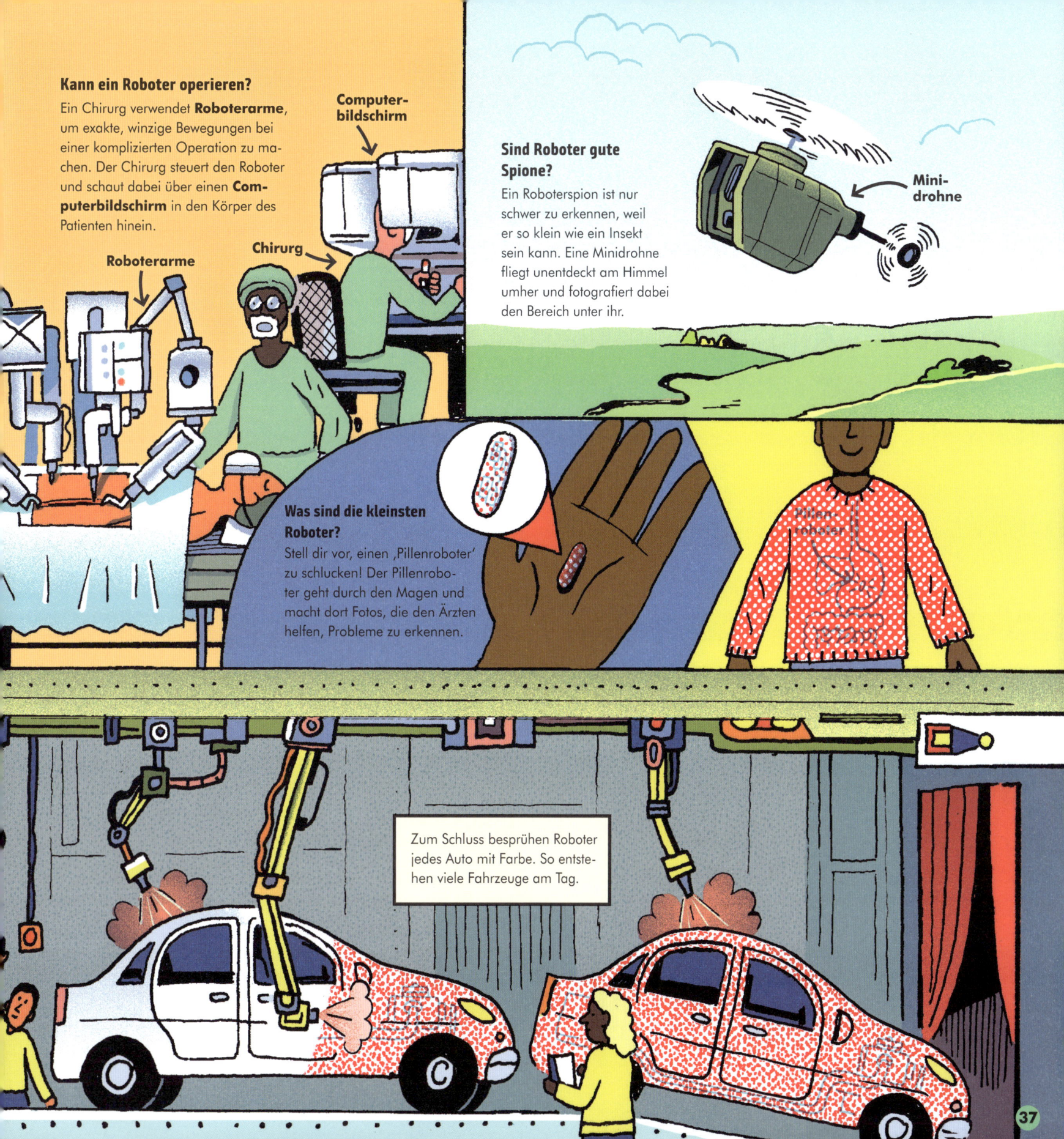

Kann ein Roboter operieren?

Ein Chirurg verwendet **Roboterarme**, um exakte, winzige Bewegungen bei einer komplizierten Operation zu machen. Der Chirurg steuert den Roboter und schaut dabei über einen **Computerbildschirm** in den Körper des Patienten hinein.

Computerbildschirm

Roboterarme

Chirurg

Sind Roboter gute Spione?

Ein Roboterspion ist nur schwer zu erkennen, weil er so klein wie ein Insekt sein kann. Eine Minidrohne fliegt unentdeckt am Himmel umher und fotografiert dabei den Bereich unter ihr.

Minidrohne

Was sind die kleinsten Roboter?

Stell dir vor, einen ‚Pillenroboter' zu schlucken! Der Pillenroboter geht durch den Magen und macht dort Fotos, die den Ärzten helfen, Probleme zu erkennen.

Zum Schluss besprühen Roboter jedes Auto mit Farbe. So entstehen viele Fahrzeuge am Tag.

TELESKOP

Wie weit sieht ein Teleskop?

Unbeschreiblich weit! Aus dem All übermittelt uns das Weltraumteleskop Hubble Bilder von außerhalb unseres Sonnensystems.

Von der Erde aus blicken Astronomen (Sternforscher) nachts mit Teleskopen in den Himmel und erforschen das Licht von Sternen und Planeten. Diese Wissenschaftler zeichnen Informationen aus dem fernen Weltraum auf.

❶ Etwa alle fünfundneunzig Minuten kreist das **Hubble-Weltraumteleskop** auf seiner Umlaufbahn einmal um die Erde. Es befindet sich außerhalb der Erdatmosphäre, die einen Teil des Lichts aus dem Weltall abfängt. Die Bilder, die Hubble als Radiowellen an die Erde sendet, sind daher viel klarer als alles, was Teleskope von der Erde aus beobachten können.

Was ist ein Spiegelteleskop?

Ein leistungsstarkes **Teleskop** verwendet einen **gekrümmten Spiegel**, um Dinge in großer Entfernung sichtbar zu machen. Je größer der Spiegel, desto mehr Licht kann das Teleskop einfangen. Der Spiegel muss genau die richtige Form haben. Im Teleskop leitet ein weiterer **kleinerer Spiegel** dann das Licht der Objekte vom großen Spiegel so in den Sucher, dass die Astronomin sie sehen kann.

Sucher

Licht tritt von oben in das Teleskop ein.

Der gekrümmte Spiegel leitet das Licht auf einen kleinen Spiegel in der Mitte. Das Bild wird im Sucher sichtbar.

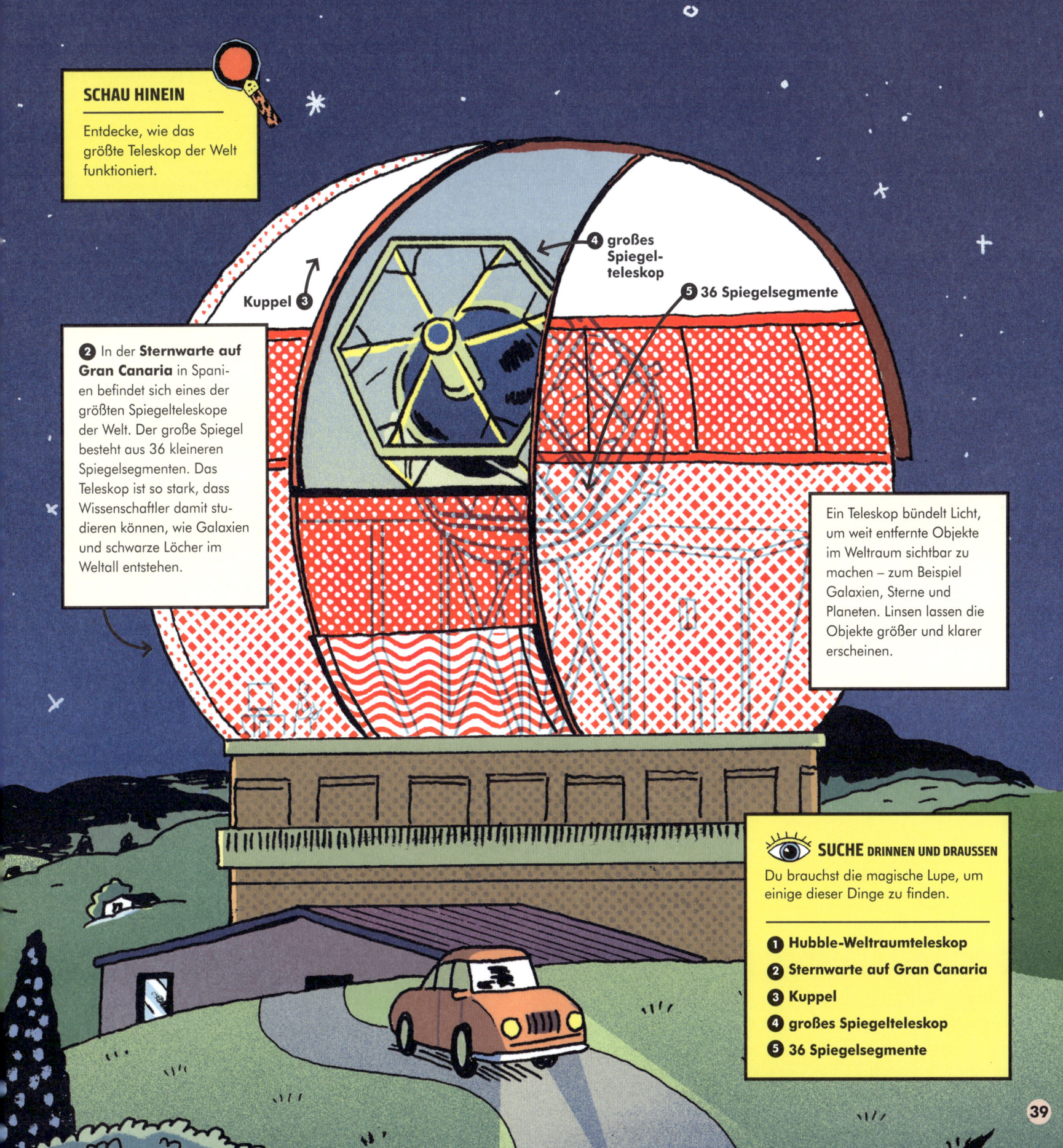

4 großes Spiegelteleskop

Kuppel **3**

5 36 Spiegelsegmente

2 In der **Sternwarte auf Gran Canaria** in Spanien befindet sich eines der größten Spiegelteleskope der Welt. Der große Spiegel besteht aus 36 kleineren Spiegelsegmenten. Das Teleskop ist so stark, dass Wissenschaftler damit studieren können, wie Galaxien und schwarze Löcher im Weltall entstehen.

Ein Teleskop bündelt Licht, um weit entfernte Objekte im Weltraum sichtbar zu machen – zum Beispiel Galaxien, Sterne und Planeten. Linsen lassen die Objekte größer und klarer erscheinen.

SUCHE DRINNEN UND DRAUSSEN

Du brauchst die magische Lupe, um einige dieser Dinge zu finden.

1 Hubble-Weltraumteleskop

2 Sternwarte auf Gran Canaria

3 Kuppel

4 großes Spiegelteleskop

5 36 Spiegelsegmente

RAKETE

Wie lange dauert es, ins Weltall zu fliegen?

Eine Rakete benötigt zwischen acht und elf Minuten vom Start bis zum Verlassen der Atmosphäre, die unsere Erde umhüllt.

Es kommt darauf an, was man als ‚Weltall' bezeichnet. Einige Wissenschaftler sagen, das All würde sich hinter dem Mond befinden. Menschen sind bisher nicht weiter als bis zum Mond gereist und die Reise bis dorthin dauert immerhin schon ganze Tage.

Eine Rakete nimmt Treibstoff mit auf die Reise und verbrennt ihn in ihren Triebwerken. Manche Raketen stürzen danach auf die Erde zurück. Die Falcon 9 landet kontrolliert, um später erneut abheben zu können.

6 Die **Nutzlast** besteht aus Passagieren und Fracht, etwa einem Satelliten oder Baumaterial. Die Ladung wird in der Dragon-Kapsel transportiert, einem kleinen Raumfahrzeug an der Raketenspitze.

⑤ **Zweite Stufe**

SCHAU HINEIN

Wirf einen Blick in die Rakete!

MISSION ERFOLGREICH

Die Dragon-Kapsel dockt an die **ISS** an. Die Kapsel transportiert den Nachschub für die Astronauten in der Raumstation.

ZWEITE STUFE FLIEGT WEITER INS ALL

Gleichzeitig setzt die zweite Stufe ihre Reise ins All fort und trennt sich dort von der Dragon-Kapsel.

Triebwerke bremsen die erste Stufe ab, bis ihre vier kleinen Standbeine wieder sanft auf der Landeplattform aufsetzen.

TRENNUNG

Die Rakete wird hoch in die Erdatmosphäre geschossen. Die erste Stufe wird abgetrennt.

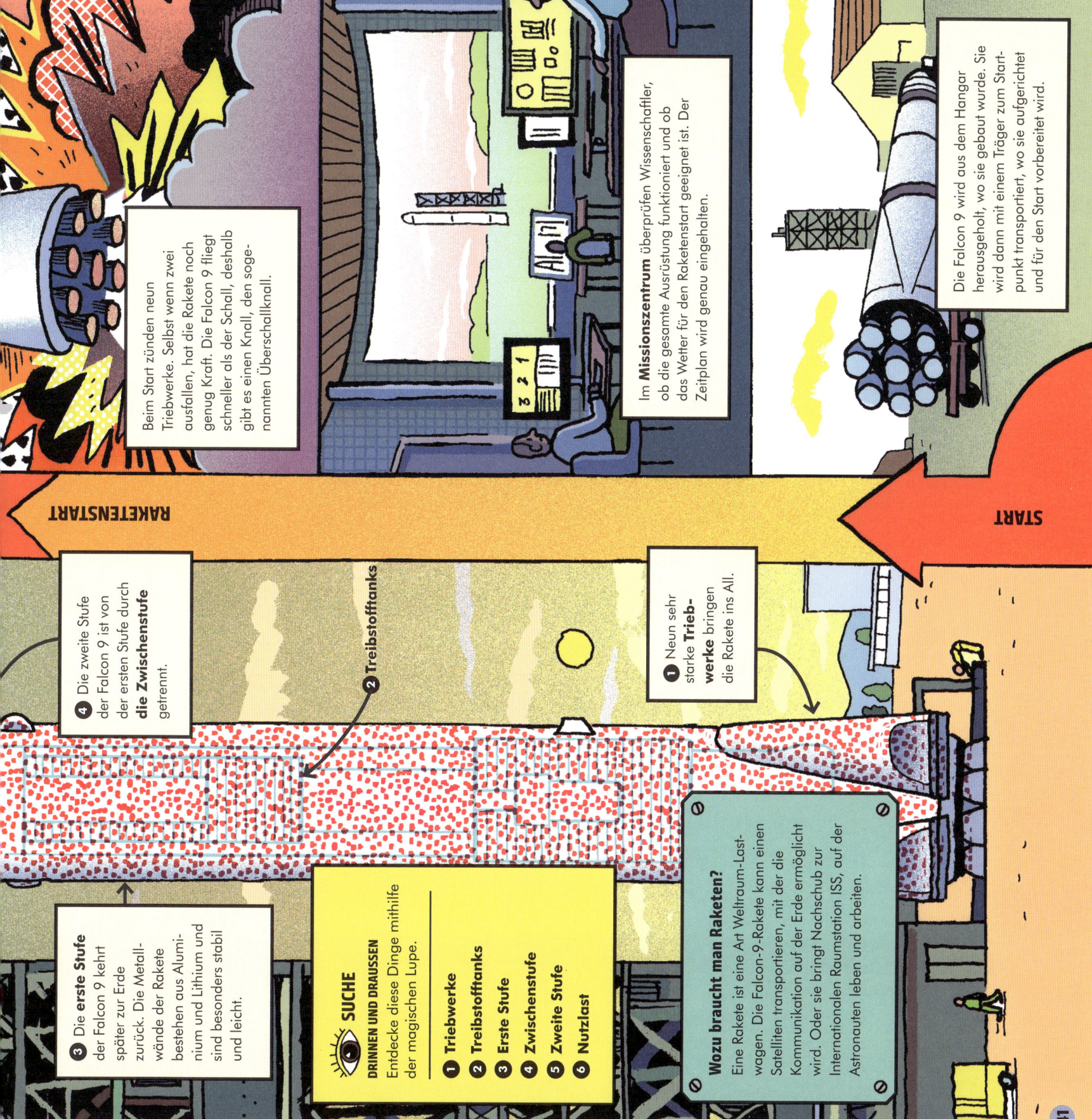

Beim Start zünden neun Triebwerke. Selbst wenn zwei ausfallen, hat die Rakete noch genug Kraft. Die Falcon 9 fliegt schneller als der Schall, deshalb gibt es einen Knall, den sogenannten Überschallknall.

Im **Missionszentrum** überprüfen Wissenschaftler, ob die gesamte Ausrüstung funktioniert und ob das Wetter für den Raketenstart geeignet ist. Der Zeitplan wird genau eingehalten.

Die Falcon 9 wird aus dem Hangar herausgeholt, wo sie gebaut wurde. Sie wird dann mit einem Träger zum Startpunkt transportiert, wo sie aufgerichtet und für den Start vorbereitet wird.

RAKETENSTART

START

❹ Die zweite Stufe der Falcon 9 ist von der ersten Stufe durch **die Zwischenstufe** getrennt.

❷ Treibstofftanks

❶ Neun sehr starke **Triebwerke** bringen die Rakete ins All.

❸ Die **erste Stufe** der Falcon 9 kehrt später zur Erde zurück. Die Metallwände der Rakete bestehen aus Aluminium und Lithium und sind besonders stabil und leicht.

👁 SUCHE

DRINNEN UND DRAUSSEN

Entdecke diese Dinge mithilfe der magischen Lupe.

❶ Triebwerke
❷ Treibstofftanks
❸ Erste Stufe
❹ Zwischenstufe
❺ Zweite Stufe
❻ Nutzlast

Wozu braucht man Raketen?

Eine Rakete ist eine Art Weltraum-Lastwagen. Die Falcon-9-Rakete kann einen Satelliten transportieren, mit der die Kommunikation auf der Erde ermöglicht wird. Oder sie bringt Nachschub zur Internationalen Raumstation ISS, auf der Astronauten leben und arbeiten.

WELTRAUMSTATION

Wie putzt man Zähne im All?

Genauso wie auf der Erde, mit einer Zahnbürste und Zahnpasta. Der Trick ist nur, die Zahnpasta dabei nicht wegschweben zu lassen!

Weit über den Wolken lebt eine Gruppe von Astronauten in einer Riesenmaschine. Dort gibt es keine Schwerkraft, die Dinge herunterzieht und sie davor bewahrt, wegzuschweben. Die Internationale Raumstation ISS ist ein riesiges wissenschaftliches Labor weit oben im Weltraum.

Wie bleibt die ISS oben im Weltraum?

Jeden Tag umkreist die ISS etwa sechzehn Mal die Erde. Sie fällt nicht vom Himmel, weil sie sich mit genau der Geschwindigkeit vorwärts bewegt, die benötigt wird, um der Schwerkraft der Erde entgegenzuwirken. Ihre Umlaufbahn entspricht genau der Form der Erde.

Solarmodule ⑥

SCHAU HINEIN

Hier erfährst du etwas über den Alltag auf der ISS.

① Eine Besatzung kann mehr als sechs Monate auf der ISS verbringen. Die Astronauten stehen um sechs Uhr morgens auf und gehen um halb zehn abends schlafen. Da es im Weltraum keine Schwerkraft gibt, schnallen sich die Astronauten in ihren **Schlafkojen** am Bett fest, damit sie während der Nacht nicht wegschweben.

② Ein Astronaut führt **Experimente** durch. Er untersucht zum Beispiel, wie Pflanzen im Weltraum wachsen. Astronauten untersuchen sich auch gegenseitig, um zu sehen, wie der Körper auf die Bedingungen im Weltall reagiert.

⑦ **Hauptträger**

Columbus-Labor ⑧

Schleuse ⑨

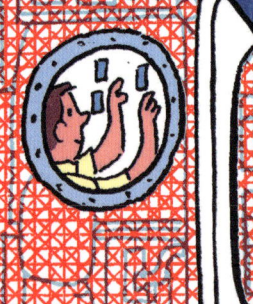

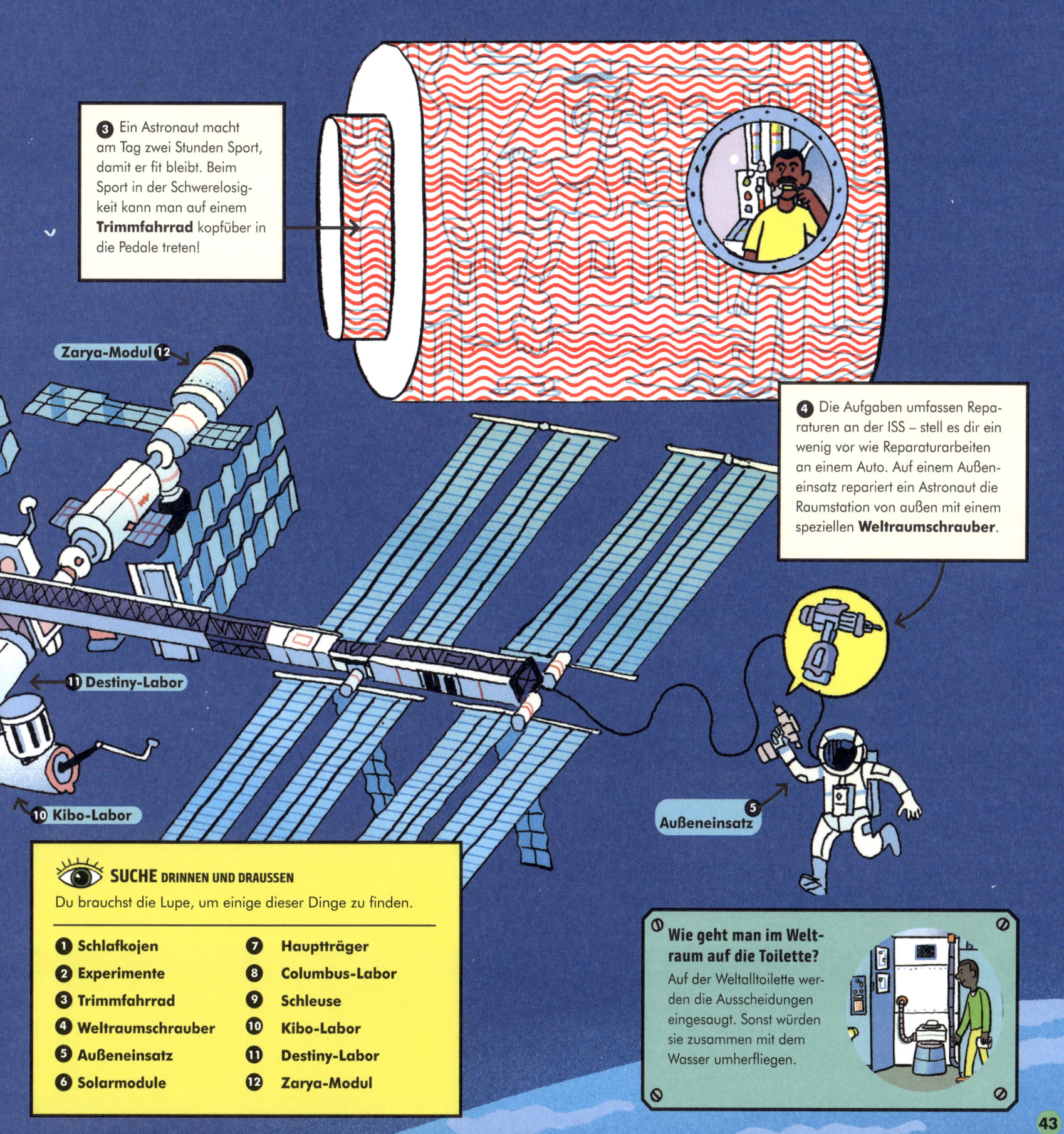

3 Ein Astronaut macht am Tag zwei Stunden Sport, damit er fit bleibt. Beim Sport in der Schwerelosigkeit kann man auf einem **Trimmfahrrad** kopfüber in die Pedale treten!

Zarya-Modul 12

4 Die Aufgaben umfassen Reparaturen an der ISS – stell es dir ein wenig vor wie Reparaturarbeiten an einem Auto. Auf einem Außeneinsatz repariert ein Astronaut die Raumstation von außen mit einem speziellen **Weltraumschrauber**.

11 **Destiny-Labor**

10 **Kibo-Labor**

5

Außeneinsatz

👁 **SUCHE** DRINNEN UND DRAUSSEN

Du brauchst die Lupe, um einige dieser Dinge zu finden.

1	Schlafkojen	**7**	Hauptträger
2	Experimente	**8**	Columbus-Labor
3	Trimmfahrrad	**9**	Schleuse
4	Weltraumschrauber	**10**	Kibo-Labor
5	Außeneinsatz	**11**	Destiny-Labor
6	Solarmodule	**12**	Zarya-Modul

Wie geht man im Weltraum auf die Toilette?

Auf der Weltalltoilette werden die Ausscheidungen eingesaugt. Sonst würden sie zusammen mit dem Wasser umherfliegen.

MENSCH UND TECHNIK

Technik hilft uns Menschen, wunderbare Dinge zu tun – wir können mit einem Freund oder einer Freundin auf der anderen Seite der Welt telefonieren oder Astronauten in den Weltraum entsenden.

Warum erfinden Menschen neue Technik?

Um uns das Leben zu erleichtern. Meistens können technische Geräte Aufgaben schneller und einfacher verrichten. Ein Auto kann man auf einem Fließband beispielsweise viel schneller bauen als von Hand. Und mit einigen Geräten können wir Dinge tun, die wir ohne sie einfach nicht schaffen würden: zum Beispiel mit einem Teleskop ins Weltall schauen!

Was würdest du erfinden?

Du könntest etwas erfinden, das Probleme löst – zum Beispiel, wie man im Regen trocken bleibt. Oder vielleicht ein Gerät, mit dem man zwei Dinge gleichzeitig tun kann – ein Gerät, das dich weckt und dich mit Frühstück versorgt! Denk darüber nach, was du erfinden möchtest und wie dein Gerät funktionieren soll. Oft muss man viel experimentieren, um etwas zu erfinden, das funktioniert.

Wer hat die ersten Maschinen gebaut?

Urmenschen haben einfache Werkzeuge aus Stein hergestellt. Dann wurde vor Tausenden von Jahren im Nahen Osten das Rad erfunden. Es hilft uns bis heute, Menschen und Dinge hin und her zu transportieren.

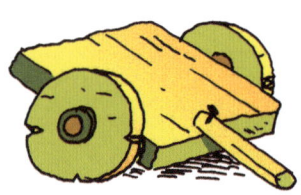

Möchtest du neue Technik erfinden, wenn du groß bist?

Meist erfinden Ingenieure neue Technik. Dabei sind die unterschiedlichsten Aufgaben gefragt: von der Entwicklung großer Projekte – wie Brücken, Züge und Weltraumraketen – bis zur Programmierung von Computern und Robotern.

Was wird Technik in der Zukunft können?

Alles ist möglich. Überlege nur, vor fünfzig Jahren gab es noch nicht einmal Handys. Und vor einhundert Jahren war noch niemand im Weltraum. Stell dir das Leben in einhundert Jahren vor: Welche Art von Technik würdest du dir wünschen?

Wenn du das nächste Mal ein technisches Gerät benutzt, denk einmal darüber nach, wie es funktionieren könnte.

STICHWORTVERZEICHNIS

A

Achse 8, 18, 19
Aluminium 41
Antenne 14, 15
Atmosphäre 38, 40
Auftrieb 21, 24
Aufzug 28, 29
Auto 18, 19, 23, 36, 37

B

Betonmischer 32, 33
Bremse 17, 18

C

Computer 10, 11, 24, 27, 29, 30, 31, 34, 35, 36, 37

D

Druckerpresse 34, 35
Düsentriebwerk 20, 21

E

E-Bike 28, 29
Echolot 26, 27
Elektrizität 10, 11, 12, 13, 19, 23, 29
Elektroauto 19
elektronische Signale 11, 14, 15
Energie 10, 11, 12, 13, 15, 16, 19
Erde 20, 36, 38, 40, 41, 42

F

Fabrik 8, 36
Fahrrad 11, 16, 17, 23, 29
Flugzeug 20, 21, 23

G

Gas 10, 11, 13, 27

H

Handbremse 17, 18
Handy 11, 14, 15, 44
Hebel 8, 12, 17
Heizdraht 12
Hubschrauber 23, 28

I/J

Internationale Raumstation ISS 40, 41, 42, 43

K

Kette 16, 17, 29, 32
kinetische Energie 10
Kolben 19
Kraft 8, 9, 11, 13, 16, 20, 21, 22, 24, 25, 41
Kraftstoff 10, 18, 19, 20, 40, 41
Kraftstofftank 18, 41
Kran 25, 32
Kühlschrank 13

L

Lastwagen 18, 19, 25, 34, 41
Luftwiderstand 9, 19, 21

M

Magnetschwebebahn 22, 23
Magnet 9, 15, 22
Maschine 8, 9, 12, 25, 34
Membran 15, 30
Mikrofon 14, 15, 36
Mikrowellen 13
Mond 40

Motor 18, 19, 24, 29, 32, 36
MRT 30

O

Ofen 10, 12

P

Periskop 26
Presslufthammer 32, 33

R

Rad 8, 9, 12, 16, 17, 18, 19, 21, 22
Radar 20
Radiowellen 14, 15, 30, 38
Rakete 8, 40, 41, 44
Reibung 9, 17, 22
Roboter 27, 36, 37
Röntgenstrahlen 31
Rumpf 25, 26

S

Satellit 11, 40, 41
Schallwellen 15, 27, 30
Schiff 24, 25, 26, 27, 34
Schubkraft 21
Schwerkraft 9, 11, 21, 22, 24, 42, 43
Seilwinde 8, 25, 29
Sonne 10, 11, 38
Sonnenkollektoren 10, 42
Sonnensystem 38
Spiegel 38, 39
Sternwarte 39

T

Telefon 10, siehe auch Handy
Teleskop 38, 39

thermische Energie 10
Toaster 12
Treibstoff 40, 41
Treibstofftank 41
Triebwerk 20, 21, 40, 41
Tunnel 28

U

U-Boot 26, 27
Ultraschall 30

V

Verschmutzung 16, 18, 19, 22

W

Wasserkocher 12
Weltraum 11, 36, 38, 39, 40, 41, 42, 43, 44
Weltall 38, 39, 40, 41, 42
Wolkenkratzer 32

Z

Zahnräder 9, 12, 29, 32
Zahnkranz 16, 17
Zug 22, 28, 29, 34
Zündkerze 19

QUELLENNACHWEIS

Gaffney, K. *Simple Machines* (Oxford: Raintree, 2017)

'Simple Machines', Easy Science for Kids (easyscienceforkids.com)

'Simple machines', DK findout! (www.dkfindout.com)

Brain, M. *How Stuff Works* (New York: Hungry Minds, 2001)

How things work: the universal encyclopedia of machines trans. C. van Amerongen (London: Granada, 1972)

'Work and energy', Khan Academy (www.khanacademy.org)

'How Do Solar Panels Work?', Live Science (www.livescience.com)

'Fuel for thought: How does energy get to your home?', British Gas (www.britishgas.co.uk)

'How Satellite TV Works', How Stuff Works (www.howstuffworks.com)

'How Refrigerators Work', How Stuff Works (www.howstuffworks.com)

'How Do Microwaves Work?', Britannica (www.britannica.com)

'How Cell Phones Work', How Stuff Works (www.howstuffworks.com)

'How do mobile phones work?', physics.org (www.physics.org)

'Microphones', BBC Bitesize (www.bbc.co.uk/bitesize)

Hills, L. *The Bicycle* (MN, USA: Captsone Press, 2005)

Kelly, M. *Cars, Trucks and Bikes* (Thaxted, UK: Miles Kelly, 2010)

Porter, E. and Lozano, A. *Peeking under the bonnet* (Oxford: Raintree, 2016)

'The engine', How A Car Works (www.howacarworks.com)

'How Does a Jet engine Work?', MIT School of Engineering (engineering.mit.edu)

'How Air Traffic Control Works', Civil Aviation Authority (www.caa.co.uk)

'Maglev train', Britannica (www.britannica.com)

'Magnetic Fields and Lines', Physics LibreTexts (phys.libretexts.org)

'How maglev works', Phys.org (https://phys.org)

'What is a force?', BBC Bitesize (www.bbc.co.uk/bitesize)

'Force', Britannica Kids (kids.britannica.com)

'What is a magnet?', BBC Bitesize (www.bbc.co.uk/bitesize)

'Forces', BBC Bitesize (www.bbc.co.uk/bitesize)

'What is the Process of Docking a Container Ship?', More Than Shipping (www.morethanshipping.com)

'Journey of Your Container', More Than Shipping (www.morethanshipping.com)

'Introduction to Submarine Design', Marine Insight (www.marineinsight.com)

'How Submarines Work', How Stuff Works (www.howstuffworks.com)

'How are major undersea cables laid in the ocean?', *Independent* (www.independent.co.uk)

'What are Underwater ROVs & What are They Used For?', Deep Trekker (www.deeptrekker.com)

'Diving Bell', Britannica (www.britannica.com)

'New Designs Going Up—Working Knowledge on Elevators', Scientific American (www.scientificamerican.com)

'How M1 Tanks Work', How Stuff Works (www.howstuffworks.com)

'How Cement Mixers Work', How Stuff Works (www.howstuffworks.com)

'Skyscraper', Britannica (www.britannica.com)

'High Rise Buildings', Britannica (www.britannica.com)

'How Earthquake Resistant Buildings Work', How Stuff Works (www.howstuffworks.com)

'Stethoscope Science: Hearing Heart Rates', Scientific American (www.scientificamerican.com)

'Ultrasound Scan', NHS (www.nhs.co.uk)

'How does an MRI scanner work?', Science Focus (www.sciencefocus.com)

'X-Ray', NHS (www.nhs.co.uk)

'New Versius robot surgery system coming to NHS', BBC News (www.bbc.co.uk/news)

'Insect Spy Drone', Snopes (www.snopes.com)

Maran, S. P. *Astronomy for Dummies* (CA, USA: IDG, 1999)

'Telescope quick facts', NASA Hubblesite (hubblesite.org)

'Reflecting telescopes', DK findout! (www.dkfindout.com)

'Astronomical observatory', Britannica (www.britannica.com)

'Introducing the Gran Telescopio Canarias', Gran Telescopio CANARIAS (www.gtc.iac.es)

'Rockets and rocket launches, explained', National Geographic (www.nationalgeographic.com)

'SpaceX Falcon 9 rocket facts', Spaceflight Now (spaceflightnow.com)

'Falcon 9', SpaceX (www.spacex.com)

Gifford, C. *The International Space Station* (London: Wayland, 2017)

Stone, J. *Space Travel* (London: DK Children, 2019)

'International Space Station Facts and Figures', NASA (www.nasa.gov)

'The International Space Station', ESA Kids (www.esa.int)

'What is it like to sleep in space?', How Stuff Works (www.howstuffworks.com)